U0361241

美日一流大学运营研究

［日］佐藤仁／著

万毅／译

上海交通大学出版社
SHANGHAI JIAO TONG UNIVERSITY PRESS

图书在版编目（CIP）数据

美日一流大学运营研究／（日）佐藤仁著；万毅译
. —上海：上海交通大学出版社，2023.7
ISBN 978 - 7 - 313 - 28716 - 8

Ⅰ. ①美… Ⅱ. ①佐… ②万… Ⅲ. ①高等学校—研
究—美国②高等学校—研究—日本 Ⅳ. ①G649.712
②G649.313

中国国家版本馆 CIP 数据核字（2023）第 085530 号

角川新書 © Jin Sato 2017 Printed in Japan ISBN9784 - 04 - 082164 - 1 C0230
『教えてみた「米国トップ校」』佐藤　仁（さとう・じん）
2017 年 9 月 10 日初版発行　株式会社 KADOKAWA

美日一流大学运营研究
MEIRI YILIU DAXUE YUNYING YANJIU

著　　者：［日］佐藤 仁		译　　者：万　毅	
出版发行：上海交通大学出版社		地　　址：上海市番禺路 951 号	
邮政编码：200030		电　　话：021 - 64071208	
印　　制：上海盛通时代印刷有限公司		经　　销：全国新华书店	
开　　本：880 mm×1230 mm　1/32		印　　张：6.875	
字　　数：130 千字			
版　　次：2023 年 7 月第 1 版		印　　次：2023 年 7 月第 1 次印刷	
书　　号：ISBN 978 - 7 - 313 - 28716 - 8			
定　　价：69.00 元			

中文版序

致中国的读者们

佐藤 仁

（东京大学东洋文化研究所）

张艺谋导演的《我的父亲母亲》是我最喜欢的中国电影之一。影片讲述了一位只身前往中国华北某乡村第一所小学的老师和一个农村女孩的爱情故事。村庄里的村民们轮流请老师到家里吃饭。村里的一位女孩，对老师一见钟情，期待着他来品尝自己精心准备的饭菜。两人之间的爱情如此朴素而又引人入胜。不过对我而言，最为印象深刻的却是教室里的场景：老师读出写在黑板上的字，孩子们也合唱般地跟着他诵读起来，充满活力的朗诵声从简陋的泥瓦校舍中传出，回荡在整个村庄之中。粉笔在黑板上划过的悦耳声音，以及让孩子们反复诵读的教学方式，都让在七八十年代的日本上过学的我倍感怀念。

在日本，直至江户时代，教育的意思几乎等同于背诵四书五经。从明治时代开始，日本社会则逐渐西化，教育的重点也慢慢转移到了提出新问题并进行科学验证的方法上。在这个过程中，记忆和背诵的地位逐渐下降。特别是在人文学科方面，人们不再强调记住知识，而更加重视表达自己思想和观点的能力。尽管如此，在我的小学和中学时代，朗读和背诵仍然是很重要的学习方式，而且现如今在一些地方仍旧如此。

本书提到的普林斯顿大学是美国最早导入小组讨论方式而因此闻名的大学。在课堂上，那些能主导和激发讨论的学生往往被认为是"优秀的"。在积极讨论的课堂中，老师会觉得干劲十足，学生会觉得有参与感，教室中的气氛也会变得很活跃。这正是西方科学的珍贵传统——不是提供一个正确答案并让大家都记住，而是始终质疑并寻求"不同的可能性"。然而，进行这种批判性讨论是有前提条件的。学生需要有扎实的基础知识储备，并通过阅读文献理解相关知识的发展前沿。不过在美国的大学里，其实有很多学生无视这个前提条件，因此他们的讨论多止步于看似热闹的课堂表现。也正是因为看到了这样的学生，我重新认识到了东亚传统教育的益处。

如今，这些传统似乎已经在日本的大学里被遗忘，取而代之的是对欧美的憧憬。特别是美国的顶级大学，往往被视为理想的目标，是研究和教育的巅峰。憧憬本身并不是一件坏事。但如果过度憧憬自己不了解的事物，就容易不知不觉陷入对空中楼阁的想象中。这种想象会让学生和教师都迷失方向，从而忘记一个更根本的问题，大学到底是为了什么而存在的。

对此，我尝试着在本书中逆潮流而上，从一个教师的视角来观察美国顶级大学的教研环境，并在与日本的比较中分析日本顶级大学的优势。比如，书中谈到了大家都较为关心的入学考试问题。和美国的多数大学一样，普林斯顿大学采用综合评价的方法。而东京大学则以笔试为主，两者有很大差异。许多日本人认为，美国考试制度的评价标准，从多个角度综合考虑学生的领导力、社会贡献、体育和音乐才能等等，因此优于只注重知识和记忆的日本考试制度。但事实上，美国大学的综合评价标准比较复杂，缺乏透明度，所以很难知道谁会被录取、为什么会被录取。相比之下，日本的大学入学考试条件非常透明而公平，那些落榜的人可以清楚知道要如何改进才能提高被录取的概率。

不仅如此，美国的大学为了进行综合评价，需要雇用专门的工作人员去阅读数以万计的申请材料，支撑这个工作则需要雄厚的资金源。2022年，美国顶级大学一年的学费为900万日元左右（约45万人民币），除此之外还有来自校友的大量捐款。这些资金被用于学校的运营和投资，而其收益的一部分又变成教授的工资和奖学金。相比之下，东京大学的校友捐款少，学费仅为美国顶级大学的四分之一。反观时下流行的大学"排名"，往往将各类大学放置于相同的外部指标中来进行比较。如此一来，基于不同资金和运营条件下的教研质量评价就很难进行了。

当然啦，我对美国顶尖大学有钱这件事并没有什么"仇富心理"。充沛的资金能用于完善设施，更高的薪水也可以吸引优秀的教师，这都是有益于大学教育的。不过我想，资金并不是激发人的才能的唯一条件。比如，人们往往高度评价拥有诺贝尔奖得主的大学，但我们其实并不能事先确定，是怎样的土壤孕育了这些罕见的研究才能，也难以预估谁的什么潜能会在何时绽放。因此，我们至少可以努力维持低廉的学费，创造一个能"播种各类种子"的环境。在这个意义上，低廉的学费不仅是学校运营能力的体现，也是确保人才来源多样性的重要因素。

世界大学排名自然不是毫无意义的。但我认为大学首先应该关注的是，如何创造一个充满好奇心的有趣校园环境。而人们在判断一个事物是否有趣时，往往是基于他们已知的事物，因此对知识的记忆与好奇心其实是相辅相成的。大学要想变得有趣，就需要创造一个环境，让不同的事物、想法和知识相互接触相互碰撞，而不是让不同的人都被同样的"优秀"指标所束缚。如果都向美国主导的教育和研究体系靠拢，那将会多无趣啊！当然，日本的大学也存在着很多课题和挑战，我绝不认为日本就应该保持现状。这本书也介绍了一些我认为重要的课题和对此的具体建议。尽管如此，我依然相信日本有日本的优势，中国也有中国的优势。比起抱怨自己大学所"缺乏"的预算、设施或制度，更重要的是认识到"既有"事物的价值，例如通过日本的大学研究室组会制度建立起来的近距离师生关系等。

我很高兴这本日语书能够漂洋过海，抵达中文读者的手中。我是一名国际开发合作方面的研究者，并非教育方面的专家。这本书所写的，也只是我作为个人所体验到的日美文化差异，以及根植于不同文化的大学间的差异。不过仔细想来，无论是对教师而言，还是对学生而言，大学原本就是个人体验的场所。说到底，我回忆起《我的父亲母亲》中那个读书场景的原因，也许正是这部电影让我重新认识到：无论是小村庄里的泥墙土瓦的小学，还是大城市中的高等学府，所谓"教育"，也许就是在某个特定时空中的个人体验，根植于每个人心中独享的风景，独有的情谊。

最后，我想诚挚地感谢我研究生时期的友人万毅。感谢他愿意接下这档翻译他人工作成果的苦差事。同时也感谢辅助万毅工作的、我的研究室的毕业生李嘉悦同学和目前在读的杨怡君同学。本书的出版离不开各种随时间而沉淀的机缘巧合，这也正体现出日本的大学研究室组会制度的好处。最后，我真诚地希望这本书能够成为各位读者在中国的社会文化环境中思考大学意义的小小契机。

引言

——东京大学和普林斯顿大学，哪个更好？

向往美国顶级名校的优秀高中生

在日本，有着一流升学学校之称的各所高中，一直力争将更多学生成功地送入诸如东京大学、京都大学、早稻田大学和庆应大学这些日本顶级大学。多年以来，这些一流高中都围绕着进入这些日本顶级大学的升学人数在互相竞争。然而，最近情况发生了变化。据说越来越多的高中生正在瞄准美国的顶级大学，而日本的大学则成为他们的第二选择。

东京的开成高中以每年有100名以上的学生进入东京大学而闻名。但是，最近，该校出现了很多学生，其升学目标不是东京大学而是顶级的海外大学，而且学生的父母也经常会问："我该怎么把我的孩子送进哈佛大学？"为此，开成高中专门成立了一个委员会来支持立志去海外留学的高中生，并开始致力于帮助他们进入美国一流大学，例如"常春藤联盟"高校中的哈佛大学和普林斯顿大学。

现如今，日本涌现出很多想要活跃在国际舞台上的高中生，这一现象该是令人欣慰的吧。但是，当与想要去海外留学的高中生们交谈时，我发现他们对自己所追求的顶级大学知之甚少，这让我感到惊讶。还有学生茫然地问："东京大学和普林斯顿大学哪个更好？"这些学生懵懂的样子在我脑海中留下了难以抹去的印象，他们对美国顶级大学充满幻想，也就是那所谓的"常春藤名校光环"。

我在东京大学教书18年了。在最近的4年，很幸运一年中有一半时间在普林斯顿大学作为客座教授任教。这期间，我从美国名校校园内了解了很多让我感到诧异的事情，触动我进行了一些思考。这本书就是对这些思考的整理而成。

说实话，在学生时代，我也觉得美国的顶级名校非常厉害，现在仍有很多地方令我羡慕不已。毕竟，你可能会在校园里碰到一位诺贝尔奖得主级别的著名教授，而在其他地方，你只能通过书和论文知晓其大名。还有，那种经过数世纪的积累才熏陶出来的校园风貌在日本的大学也是没有的，就好像我留学时代穿过哈佛大学的巨大图书馆地下通道时那样，给人一种梦幻般的，仿佛迷失于地下迷宫的感觉。

但是，在普林斯顿大学的讲台上执教约4年之后，我感到以东京大学为首的日本大学也不错。不，不仅如此，我甚至觉得日本顶级大学也有许多方面优于美国顶级大学。然而，日本顶级大学的优势具体是什么呢？直到去美国教书后我才逐渐地弄清楚这一问题。

本书并不是无条件地赞美日本，也不是轻率地批评美国顶级大学。更确切地说，本书旨在通过正视大多数人仰望的美国顶级大学所面临的问题，重新认识日本顶级大学的优势，为面向未来的大学运营改革的讨论奠定基础。

世界大学排名的盲点

日本顶级大学在各种意义上都不如美国顶级大学，其依据是每年发表的"世界大学排行榜"。这类排名由多所大学或企业提供，其评判的标准大多是针对几个方面进行量化打分的模式，即，以引用论文数量和大学评价为指标的研究方面，以教师和学生比例等为代表的教学方面，以及以外国教师比例为指标的国际化方面。

牛津大学、剑桥大学等英国大学也进入了排行榜的前列，但美国顶级大学的存在感却是压倒性的。哈佛大学、耶鲁大学、普林斯顿大学等美国大学经常名列前茅。而日本排名第一的东京大学近年来未能跻身前20名，最近也被诸如北京大学和新加坡国立大学等亚洲的一些大学所超越。

试着思考一下"世界大学排行榜"的盲点，这也是认识日本大学优势的一个很好的出发点。

譬如，看一下学费方面吧。美国顶级大学一学年的标准学费超过 500 万日元（按 1 美元＝110 日元换算，本书以下同），假如包含学生生活所需的住宿费和伙食费的话，4 年期间的费用粗略地计算需要 2 800 万日元。

令人惊讶的是，截至 2016 年，哈佛大学储备了 4 兆日元的教育基金，普林斯顿大学则储备了近 3 兆日元。所谓基金就是过去累计的所有捐款，是大学可以自由使用的资金。实际上，在美国顶级名校，每个学生 1 年的教育所用经费仅靠其所交学费的 500 万日元是完全不够的，所以各学校也采取从基金拨划预算的措施。从这里可以看出美国顶级大学的高成本体制。

日本的顶级大学呢？例如，东京大学基金总额超过 100 亿日元（2015 年），每年的投资运营收益不足 1 亿日元，几乎没有从其基金中给研究和教学活动提供预算资金。根据 OECD（经济合作与发展组织）的报告，日本高等教育机构的公共财政支出按在校学生每人每年的平均金额计算只有约 75 万日元，与其他发达国家相比少得可怜。发达国家的平均值约为 107 万日元，比日本高出 40% 以上。

尽管如此，日本国立大学 4 年的学费加上入学金也只是 250 万日元左右，几乎是美国的十分之一。加上生活费的话，一年也就大约 200 万日元。所以只需要美国顶级名校的三分之一不到的费用就够了。虽然顶级大学的成本效用（性价比）几乎不受关注，但是在教育机构拟招收各种背景的学生的大前提下，成本应该是重要的因素。

排名榜反映不出来的指标不仅仅是成本。另外，作为衡量教学质量的指标而被使用的"教师与学生的比例"也不可忽视。根据 2017 年度的排行榜（泰晤士高等教育世界大学排名），东京大学的教师（担任授课的专职教员）与学生的比例是 1∶7，与其他名校例如耶鲁大学的 1∶4.4 相比较，也是有差距的。这个比例指标有一个前提假设：1 名教师对应的学生数越小，教师对学生就越能提供更细致的指导。但这不过是一个统计数据而已，不一定能反映出实际情况。

因为在现实中，美国顶级大学为了改善教师的待遇，会尽可能减少他们的授课负担，特别是面向本科生的授课大多由年轻的助教和研究生负责。在美国顶级名校经常听到的故事是：学生为了得到知名教授的指导好不容易进入大学，却没有和教授们直接接触的机会，这让他们非常失望而沮丧。这样的教学现状在作为排名依据的数值指标中并没有被反映出来。

确实，大学排行榜会左右考生的择校趋向。基于此趋向，大学的人员和预算就会相应变动，从而进一步影响教学的质量和研究环境的基础配置。但是，日本的顶级大学也有很多优势，对教学和研究具有重要影响，即使这些没有在大学排名评价指标上反映出来。

执教中了解的美国名校的现状

回顾过去，日本的大学积极采用了美国的制度，如教学大纲（授课计划）、学生对老师授课的评价、教师坐班时间（定期的学生面谈时间的设定）、定期学术休假（研究休假）、综合素质评价的入学考试制度 AO（Admissions Office）等。但是，其大多数都是形式上的模仿，似乎以引进制度为目的而忽略了真正将其执行到位。

任何制度，都有其成立前的背景和历史。如果无视生长条件只收割果实的话，必定会产生某些偏差。因此，回顾考察美国制度诞生及发展的历史背景，然后重新审视在日本被当作模仿对象的美国制度，我认为是很有必要的。

比如，入学考试制度。美国式的综合素质评价入学考试，与日本的笔试方式相比，真是那么优秀的制度吗？越是了解评价基准模糊的综合素质评价入学考试的背景和实际情况，就越是能看到此制度的问题所在。从志愿者等课外活动到体育、音乐活动，当学业之外的所有活动都成为考上顶级大学的手段的时候，难道不会扩大有机会参加这些课外活动的孩子与没有这种机会的贫困家庭的孩子之间的差距吗？

再看，教学又如何呢？在美国，学生确实经常举手提问，但并非每个人都对授课内容有内在的兴趣，这一点和日本相同。至于热心参加课堂互动的理由，仅仅是想提高影响求职的成绩平均分（GPA）。而且比起讨论内容，他们更在意说话技巧，甚至有时讨论的内容也是空洞的。

再来看下研究环境吧。也许与日本不同，美国并没有

"敬语"这一障碍，所以美国的研究环境方便外界人士进入，大家可以不拘泥于头衔而进行自由讨论。但是，不可忘记的是，在这种背景下，教授们为了待遇在激烈竞争，年轻的研究人员为了任期（终身聘用资格）承受着压力。这样的相互竞争排挤的环境正日益扩大大学之间以及大学内部教师之间的差距。

在大学的国际化方面，近年也出现值得注意的新动向。以世界通用语英语为母语的美国大学，对以亚洲为中心的海外大学的急速追赶感到焦虑，因此开始积极致力于学生的海外派遣工作。然而，令人意外的是，妨碍美国顶级名校全球化的正是顶级名校所提供的舒适感。在必要物品及设施都完备齐全的校园，并不能培育出那种积极主动地走出校园、放眼世界的好奇心和危机感。

对于美国顶级大学的这些问题，美国国内的呼声愈发高涨起来。例如，2015 年在全美成为畅销书的《优秀的绵羊》(*Excellent Sheep*) 就是在耶鲁大学长期执教的威廉·德雷谢维奇所著。他在此书中提出了对美国顶级名校的激烈批评，并指出，很多才华横溢的学生都会因为不安、胆怯而迷失自我。他感叹道，大学已经不是学生怀抱各自的理想、以自我意识去主动学习的地方，而是变成了能够毫无差错地完成被赋予目标的标准人才批量生产的场所。

如上所述，美国顶级大学的问题正在从其内部涌现出来。目前，这在日本还并不为人所知。

检验"美国顶级名校=很厉害的牛校"？

日本人认为很厉害的美国制度，是由什么样的条件支撑着的呢？我试着从教师的角度，开始关注可能形成这种环境的基础条件。在顶级名校中，是什么样的社会条件和历史背景让充满活力的教学和大量的论文产出成为可能呢？感觉美国制度不能仅用"很厉害"来概而言之，还必须要弄清楚这"厉害"是建立在什么样的代价上的。

以这样的个人动机为背景，本书将普林斯顿大学与东京大学从内部的视角来进行比较。普林斯顿大学是位于新泽西州的私立大学，也是常春藤联盟的名校。普林斯顿大学和哈佛大学、耶鲁大学并称为美国"三大名校"。根据发布美国国内大学排行榜的《美国新闻报》报道，普林斯顿大学连续几年在大学排行榜中击败哈佛大学和耶鲁大学，稳居榜首。

本书的不足之处在于考察的对象只偏重普林斯顿大学和东京大学这两所大学。这两所大学的创立过程不一样，公立和私立的经营形态也不一样。

但是，无论是日本的东京大学还是美国的"三大名校"，都是各自国家高等教育的象征性存在，这是事实。顶级名校的动向，无论是否受人欢迎，总会影响到其他大学。为了提出强有力的尖锐问题来推动大学改革，我认为与其泛泛地研究多所大学，倒不如深入细致地研究少数有代表性的大学，这样能够汲取更具体的经验和教训。

了解日本顶级大学的实力

日本的大学存在的问题也堆积如山，我认为，特别突出的是旨在扩展学生潜力的系统性教育的不足、教师的研究环境的严重恶化等问题。只是，不可能仅仅通过模仿世界排名靠前的大学来进行必要而有实效的改革。与其从美国形式上引入日本所缺乏的东西，还不如通过认识日本已经存在的优势并加以发扬光大，这才是改革的捷径吧。

正因为我在美国名校有过执教经验，才能看得到譬如整体性的低成本结构、学生和教师的近距离交流等这些日本大学的优势。如果在比较中重视顶级名校的受教育机会的开放度以及本科生教学中师生互动交流的深度这两方面的话，我认为东京大学将"以6胜4败的比分获胜"。这是我个人的见解。

迎来少子化的日本的大学现在正处于过渡期。希望本书能唤起围绕大学前景的各种建议，成为今后讨论高等教育的契机。

目 录

第1章
综合素质评价标准的陷阱
——求职化入学考试的现实

　　美国的顶级名校，以"材料审查"作为主要方式，从学力和素质方面综合性地评价和选拔学生，而东京大学把基于笔试（答卷笔试）成绩来评价的学习能力作为唯一标准。两者是很不一样的入学申请制度。由于美国式入学申请可以进行多方面的评估，很多人可能认为这样才能够选择多样化的人才。

　　但是，真的是这样吗？相反，通过扩大评价基准来选拔，其透明度和公平性难道不是很容易被扭曲吗？

　　因为美国式的综合素质评价入学考试项目涉及多方面的基准，瞄准顶级大学的高中生的所有活动都被定位为争取申请大学的手段。确实，日本的应试战争也伴随着特有的压力。然而，美国大学的申请战争，连课外活动也被卷入，涉及面更广，负担更重。说美国申请制度比日本名校重视学习能力考试的制度更优越，这点上存在很大疑问。

市川海老藏是否能进入哈佛大学

与美国顶级大学根据申请材料"看人"的选拔制度相比，东京大学因仅根据笔试成绩来评估学习能力的入学考试被认为有失偏颇而受到不少批评。

但是，我在详细调查美国现状的过程中认识到，笔试是一个高度透明、公平且成本相对低的制度。的确，东京大学将学习能力与综合素质分开，仅根据学习能力判定是否录取。最近，虽然东京大学已经引入了少量推荐入学考试，但是在注重学习能力评价方面的制度并没有重大变化。

那么，东京大学的选拔方式有什么问题呢？人们经常指责，由于统一的学习能力测试，东京大学无法录用多样化的人才。毕业于东京大学的脑科学家茂木健一郎先生在2016年11月25日于东京大学驹场校区举行的校园节上的演讲中，以"从未翻开过教科书的奇才"——歌舞伎演员市川海老藏为例，进行了如下批评。他说："如果是重视多样性的哈佛大学，那么市川这样的奇才就有可能入学，但偏重笔试的东京大学的话就没有这种可能性"；"即使他连教科书都没翻过，哈佛大学也很有可能让他入学。但是，东京大学绝对不会让他进入。因为东京大学仅由笔试决定是否合格。"

但是，对这种批评，我持相反的意见。如果高中时代一次也没有打开课本的市川海老藏先生可能进入一所大学的话，那就是东京大学，而不是哈佛大学。其原因如下。

为了考上包括哈佛大学在内的美国顶级大学，高中时代的优异成绩是不可或缺的。比如 2017 年考上哈佛大学的新生，高中成绩会按 A（优）4 分，B（良）3 分，C（合格）2 分的标准计算出来，他们的高中时代的平均成绩（GPA）超过了 4 分。对于后面将谈及的 AP 科目（Advanced Placement Course：被认可作为大学学分水平的特优生适用科目）等，在难度高的科目取得好成绩的情况下，可以比通常的 A 更进一步加分。也就是说，全 A 以上是"平均"成绩。

如果想要这样考上顶级大学，高中时代的成绩必须全部优秀。如果不是在乡下相当小规模的学校而又没有特别的才能的话，一次也不打开教科书的情况下取得全部 A 的成绩是极难的事吧。

在普林斯顿大学也一样。近年来，九成以上的被录取者都取得了各自高中前 10% 的成绩。在学校里成绩不好，但课堂外有其他突出才能被认可而入学的例子，现实中几乎没有。即使某些科目特别突出的奇才能入学，但整体来讲各个科目成绩都不好的奇才几乎没有入学的可能性。在美国，基本上不存在"复读生"这一概念，高中时代的学习生活方式在升入顶级大学时发挥决定性的作用。

"奇才不能进东京大学，但是奇才可以进哈佛大学"，这种说法是一种幻想。正确的说法是"想进美国的顶级大学不能只学习"，而不是"不学习就能进"。本来，"奇才"就不适用于规定好名额来定期选拔的方式。

装点东京大学的怪人们

另外，以东京大学为例，即使是那些在高中没有学过任何东西的"不良学生"，在留级补习时如果努力学习也还会有可能通过。这是因为高中成绩与入学考试无关。

为了进入美国顶级的大学，你还要做一些其他的事，包括运动和艺术。但是，东京大学只要具备足够的学习能力以突破应试科目就可以通过。我的印象是，东京大学有很多有趣、偏科的学生。他们是彻底追求自己感兴趣的世界的怪人。一位离开东京大学来到普林斯顿大学的日本学生说：

> 东京大学有一群在普林斯顿大学不可能存在的人。比如，能说几国语言的御宅族，聊什么都能和匈牙利扯在一起的匈牙利狂热粉丝，这样的人在普林斯顿大学是不存在的。

我被这句话所触动，决定稍微调查一下东京大学的怪人。我拜托了我认识的东京大学的老师，让其介绍一些与众不同的学生。在这个过程中，我遇到了一家由学生社团运营的名为"Umee T"的网络媒体，该社团从学生的角度报道了东京大学不为人知的领域。

该媒体独立采访生活在东京大学的不同寻常的怪人，并进行有趣的介绍。在题为"谁都会回头看一眼的东京大学学生——复读生大侠"的报道中，有一位留着长发，留着胡子，在打工的工作场所被称为"耶稣"的理科男生，其独特的外在形象、言语习惯都违背了"东京大学学生＝优良生"这一社会传统认知。

另外，在《东京大学留级图鉴》中还追踪着连续留级的人。"在东京大学留级3次，被迫退学，再次参加东京大学的考试也惨败"，这个东京大学学生的故事也令人感兴趣。不要在意是否"落后"别人，而纯粹追求自己喜欢的东西，这个学生"对留级这件事完全不后悔"的坦然心态引起很多人的共鸣。

此媒体还登载特辑介绍了渴望彻底自给自足、以食虫为特技的学生。在东京大学有如此怪人的存在，我已经见怪不怪了。普林斯顿大学也有比较奇特的怪学生，但是还没有见到过达到这种"求道者"境界的学生。

我不是说这种奇人怪人越多就越好。东京大学的笔试考试也想强化这个事实，即这些怪人没有被淘汰，只要考试通过，那他们就在为校园的多样性增光添彩。

这里介绍的学生也许不是典型的东京大学学生，但是，和那些与自己常识相悖而让人疑惑不解的朋友和教师相遇，确实会使所谓的大学经历更加丰富。所以，把多样性作为一种宝贵财产发掘出来并对外宣传的学生社团的存在，难道不是东京大学值得骄傲的事情吗?!

"入学容易毕业难"的错觉

我在普林斯顿大学也问过学生。

"有那种完全学习不好但某方面很出色的同学吗?"

他们的回答是，有在体育或音乐方面非常出色的。但他们又说，"无论怎么出色，如果不能好好学习，就无法跟上课程的进度。"

原来如此。入学审查是对当时能力的判断，但更重要的是学生入学后是否可以完成课程的学习。

从这个意义上讲，东京大学的入学考试制度以学习能力为唯一基准就很容易理解，主要是看重以学习为主业的学生"入学后"能否完成学业。

"日本大学很难进入，但很容易毕业。"我经常听到这样以美国大学为基准对日本大学的批评。确实，以东京大学为首的日本大学，虽然入学审查很严格，但是大家对毕业要求的课程却有比较容易的印象，因为可以轻松取得的学分占相当比例。

与此相对，认为美国的顶级名校"入学容易毕业难"，这也近乎于错觉。

首先进入美国顶级大学绝不容易。美国顶级大学的入学审查要求学生在高中时代拥有很好的成绩，是因为应试者的录取率极低。比如哈佛大学 2017 年的录取率是 5.2%，普林斯顿大学是 6.1%。普林斯顿大学的具体情况是，超过 3 万人申请，能得到录取通知的仅仅 1 800 人，95% 的申请者落榜。而且，录取者中实际入学的只有七成左右，剩下的三成跑到了其他有名的大学。

最终跑到其他大学的理由有各种各样，比如父母的意见和希望就读领域的充实度等。我朋友的儿子考上了所有一流大学，包括斯坦福大学和哈佛大学。但是希望未来做职业记者的他，因为学校学生报业资源丰富的优势选择了耶鲁大学。可以在同样层次的顶级名校中选择是美国的优势，但另外也存在一种现实状况，就是一部分优秀的学生同时获得了多个大学的录取资格。

此外，不能断言美国名校很难毕业，尽管也有一些学生因为在美国顶级名校的课程很难而跟不上课程进度或辍学。但是，正如稍后将谈到的，在一定时期内能毕业的学生比例也是大学排名的基准，因此大学也不会毫无顾虑地淘汰学生。

通往顶级名校的狭窄难关

有些人批评以东京大学为首的日本名校偏重于学习能力考试的选拔，他们大概想指出这样一个问题，那就是通过精英教育关口的基准太片面单一。仅仅基于学力的选拔标准显得东京大学格局或气量太小。

当然，一个人的学力是否真的可以通过一次能力测验来衡量，这确实是一个问题。但即使入学考试是基于模棱两可的"综合素质"标准，那"格局或气量"又能有多"大"呢？这也是不清楚的。原本，入学考试的竞争率接近 20 人中录取一人的话，无论如何也都要以衡量数学和英语基础学习能力的适应性考试（SAT）的分数和绩点等容易量化的基准来筛选以淘汰大部分学生。

美国新闻社（U. S. News）每年发布美国国内大学排行榜。笔者以其 2017 年版为基础，从各大学的官方网站等资料中调查了录取率、最终入学率（被录取学生中入学学生的比例）、一年的学费。表 1-1 是整理的调查结果。排名靠前的大学总体上录取率较低。

表 1-1　美国新闻社 National Universities
排名前 10 位名校（2017 年）

排　名	大　学　名	录取率（2017 年）	入学率（2016 年）	1 年的学费（不含住宿费等）
第 1 位	普林斯顿大学	6.1%	69%	US $45 320（约 492 万日元）
第 2 位	哈佛大学	5.2%	80%	US $47 074（约 512 万日元）
第 3 位	芝加哥大学	7.9%（2016 年）	46%	US $52 491（约 570 万日元）

排　名	大 学 名	录取率 （2017 年）	入学率 （2016 年）	1 年的学费 （不含住宿费等）
第 4 位	耶鲁大学	6.9%	71%	US $49 480 （约 538 万日元）
第 5 位	哥伦比亚大学	5.8%	65%	US $55 056 （约 598 万日元）
第 6 位	斯坦福大学	4.7%	82%	US $47 940 （约 521 万日元）
第 7 位	麻省理工学院 （MIT）	7.1%	73%	US $51 265 （约 557 万日元）
第 8 位	杜克大学	9.2%	50%	US $48 452 （约 526 万日元）
第 9 位	宾 夕 法 尼 亚 大学	9.2%	68%	US $51 464 （约 559 万日元）
第 10 位	约翰·霍普金 斯大学	11.8%	41%	US $50 410 （约 548 万日元）

注：所谓 National University 是指具备研究生院的大规模学校。实际入学率
（yield rate）是指在录取的学生中实际入学学生的比率，这个比率越高，
收到了录取通知但最终选择了其他学校的学生就越少。日元根据 2016 年
的平均汇率，US $1 = ¥108.66 日元换算。
资料来源：各大学的官方网站等。

　　在这里稍微详细地看一下构成"排名"的要素。美国国
内排行榜中参照较多的美国新闻社（U.S.News）的排名是
由以下项目的评分点数的总和来决定的：① 学生的安定率=

22.5%；② 学术评价＝22.5%；③ 教师资源＝20%；④ 选拔率＝12.5%；⑤ 财源丰富度＝10%；⑥ 毕业率＝7.5%；⑦ 毕业生的捐赠率＝5%。

在此需要注意的是，"教师资源"的明细项目中包含着教师工资（教师实际工资占分配给该费用项目的20%权重中的35%），以及财政资源和捐赠率。预算越充裕，教师待遇越好，大学的排名越靠前。

此外，作为世界大学排名的最大公司之一的英国的 QS（Quacquarelli Symonds）公司的 QS 排名，是根据以下这六个指标来进行评价：① 来自研究人员的评价＝40%；② 来自雇用者的评价＝10%；③ 教员数/学生数＝20%；④ 论文被引用数/教员数＝20%；⑤ 外国人教员比率＝5%；⑥ 外国人学生比率＝5%。

顶级名校的品牌战略

回到入学考试的话题上来吧。学生们之所以会激烈争夺进入美国顶级名校的入场券，不是因为教育内容，而是大学品牌及其附带的特权和稀缺价值。但是，这和购买高级车保时捷有些不同。在通常的市场经济中，如果需求增加，企业将提高生产量来进一步获取利益。如果是保时捷的话，企业应该会采取增加生产台数的对策。

但是，美国顶级名校的话，即使竞争率激化也不会立即扩大招生名额。在美国，顶级名校几乎实行全寄宿制，因而学生宿舍的收容数量也受到建筑空间的限制。然而，拥有增建宿舍的资金的大学也一直保持着固定的招生人数这一事实，无疑说明这和维持大学品牌有关。

学历名牌之争之所以过热，是因为有方法可以提高获得它的可能性。如果是富裕阶层的话，送孩子到每年学费500万日元的名门私立高中，购买适应性测试的培训软件，聘请专门的家庭教师辅导等，这样进行投资能够快速地提高进入名校的机会。从这个意义上来说，顶级名校的入学资格带有作为特权性"商品"的性质。

1970年代之前，哈佛大学、耶鲁大学、普林斯顿大学等名校的录取率约为40%。那时，除了富裕阶层以外，一般阶层连参加入学考试都没敢想过，其实就相当于根据收入阶层进行了自我选拔。进入1990年代，录取率降低到20%以下。到2017年哈佛大学的入学录取率降至约5%，普林斯顿大学的录取率降到刚刚超出6%的水平，名校的竞争率大幅上升了。

影响录取率的一个因素是体育特长生推荐入学制度。顶级名校也普遍采用这个制度。诸如篮球和游泳等高校体育俱乐部的教练，会收集各个地区的高中生的信息，并开展宣传招募活动。普林斯顿大学和哈佛大学都不是体育名校。但是，大学体育是一项重要的产业，作为像包括毕业生声誉在内的大学品牌的要素之一，体育赛事带来的向心力，足以凸显大学品牌。即使顶级名校也抛不开体育活动，因此，大学为运动员确保一定的入学名额，也就使得常规招生入学名额变得更少。

入学评审的标准

那么，美国顶级大学的被录取者是以怎样的方法被选拔的呢？可抓住基本的几点。

美国大学入学考试，不像日本那样在考场集合一起参加笔试和口试，而是自始至终通过书面材料进行选拔。其所需的基本材料（随申请书提交的文件）有以下五点：① 被称为SAT 的适应性考试、ACT（类似于 SAT 的学力测试）等的统考成绩；② 高中的绩点（GPA）；③ 各大学不同题目的小论文；④ 多封推荐信；⑤ 简历。在参加艺术类考试时，这里也会增加艺术作品。顺便提一下，①的学习能力考试可以多次参加。

表1-2 是普林斯顿大学发布的入学考试重要项目清单。这些项目中哪些被认为是更重要的项目，取决于不同的大学。根据对普林斯顿大学入学审查官的采访，作为与进入大学后的表现相关度较高的指标，高中时代的绩点（GPA）最被重视。据说，不仅要平均成绩好，而且还要通过科目整体的平衡度、安定度来考察，随着年级上升成绩呈上升趋势的学生会给招生官留下很好的印象。

表 1-2 普林斯顿大学的入学筛选标准（2016 年）

	非常重要	重要	参考信息	不参考
学力因素				
难度高的课程的选修	○			
出席率	○			
绩点 GPA（内申点）	○			
适应性考试成绩	○			
小论文	○			
推荐信	○			
非学力因素				
面试			○	
课外活动		○		
特别才艺	○			
性格、个性方面的资质	○			
父母是否大学学历			○	
与历届毕业生有否关联			○	
出生地			○	
（大学所在地）州在住或非在住				○
宗教				○
人种、民族			○	

	非常重要	重要	参考信息	不参考
志愿者活动			○	
就业经历（打工等）			○	
填报志愿大学的希望度、关心度			○	

资料来源：普林斯顿大学官方网站——University Enrollment Statistics（2016—2017 年度版）。

让当地居民参与入学
审查招生工作

　　普林斯顿大学 2016 年的入学考试吸引了 30 000 多名申请者，而其中只有 1 800 名被录取。如今，随着网络申请变为可能，向多所学校的申请变得更加容易，所以竞争强度一直在上升。但是，与笔试不同，小论文不能进行机械处理。到底是谁以何种方式在审阅 30 000 份申请文书呢？

　　就普林斯顿大学而言，此项工作安排了约 20 名内部招生人员（非教师），另外还临时聘用了约 30 名所谓外部审阅人（reader）。许多审阅人是诸如家庭主妇和个体经营者的当地居民，他们分拣申请文书并且每个人至少阅读 1 000 份申请文书。

　　对于外部审阅人，据说要事先进行基本的背景调查，例如是否有即将面临高考的小孩、是否有犯罪记录。尽管他们必须接受 30 小时的如何审阅文档的培训，但他们毕竟不是教育专业人员，只是因为审阅申请文书而被短期雇用的人员，与大学的招生人员一起工作。

原则上，每个申请人的文书都有 4 个审阅者。第一审阅者和第二审阅者分别进行评阅排名，对于那些总体评分在初步合格范围内的学生，第三评阅者再根据学习成绩以外的一些标准进行审查筛选，诸如地区平衡分布的考虑，少数种族学生的照顾，体育或音乐才艺推荐生的优先录取等。举例来说，工程学院主张说"想增加女工程师的数量，所以将优先考虑那些主修工程专业的成绩优秀的女生"；校足球队教练或校管弦乐团团长也可能根据不同位置球员或不同乐器的演奏员的配置提出"特殊要求"，这些要求也有可能添加到录取标准中去。

据大学负责人介绍，不会只根据 SAT 分数就淘汰学生，所有申请书都有 4 名审阅人过目。但是，即使没有机械地规定硬性指标，也不会对每个申请者的文书花费相同的时间。对绩点 GPA 和 SAT 分数高的学生的申请文书会花费更长时间来认真阅读。

顺带提一下，在日本，从入学考试的出题到评分、录取判定等一系列工作都是由教员进行的。相反，在美国，教师几乎没有参与入学考试评审工作，这一点并不为人所知。

入学考试与校友组织之间的
意外关系

虽说申请文书是最重要的基准，但大部分考生还要接受"面试"。有趣的是，担任这个面试工作的不是大学的入学考试职员，而是校友。在日本的就业活动中的校友面试的机制被用在美国顶级大学的入学考试中。

分散在美国各地的校友，作为志愿者对报考学生进行约一个小时的面试，并将结果报告给招生总部。这种面试对于入学考试来说并不是必需的，在入学成败的决定中其内容也被认为"不是很重要"。尽管如此，据说有约97%的最终入学者接受了这样的面试。

这种面试的机制有其好处。面试中申请人将通过校友的声音直接了解大学氛围风貌，校友还可以向大学报告只通过申请文书无法了解到的考生的信息。但是，组织分散在各个地区的校友安排面试并将结果报告给大学是一项繁重的工作。为什么要那样动员校友呢？

原因之一是这项志愿活动是将校友与大学联系起来的重要纽带。该策略是通过使毕业生参与诸如入学考试等母校的重要活动，来激发校友的爱校心并增加校友捐款数额。美国顶级大学的校友会被认为是捐款的重要平台，很受重视。"校友捐赠的金额"是全球大学排名的主要指标之一，校友会在毕业生找工作中也起到很大的作用。

知名高中的实情

虽说以东京大学为首的日本顶级大学的入学考试也采用了推荐+AO（综合素质评价——译者注）等方式来实现多样化，但即使现在还有很多大学仍坚持以学习能力为中心的录取基准。在日本被特别重视的就是通过同样基准的考试的能力，因而一个人跟另一个人的"差异"只是"分数的差异"。

与此相对，围绕美国顶级名校的应试战争，是包含超越了学习能力的领域的"全面竞争"。如果说日本考生只要积极地提高偏差值（相对平均值的偏差数值。据此可以看出每个学生在所有考生中的水准顺位。——译者注）的话，那么美国的精英高中生除此之外，还必须全面地开展志愿者活动或课外活动等在申请时可以加分的活动。

看看美国升学的实际情况吧。就像日本的滩高中和开成高中向东京大学输送了很多学生一样，美国也有几所升学应试高中被称为"直属生源学校（feeder school）"。其中许多是私立的，每年学费从4万美元到5万美元（约440万~550万日元）不等。如果再加上宿舍费用和生活费用，每年需要的开支接近700万日元，与美国一流大学的学费基本相同。应该说是作为"回报"吧，这些高中的近30%~40%的毕业生会被送往东部被称为常春藤联盟的名校。父母之所以把孩子送到这些有名的应试学校就读，就是打算买一张进入这些著名大学的门票。

从很久以前到现在就一直有这样的批评，即美国顶级大学面向的都是能上这些有名的私立高中的有钱人。为此，哈佛大学、耶鲁大学、普林斯顿大学等顶级名校，自豪地在大学的官方网站等公布了公立高中出身的录取学生占本校全体录取者的比例在增加的情况。

确实，从统计上来看，美国顶级大学的生源过半数都是公立高中出身。例如，普林斯顿大学 2017 年的入学者中 60% 来自公立高中。但是，据国家教育统计中心（NCES）统计，原本美国私立高中占美国所有高中的比例只不过 8% 左右。

仅 8% 的私立高中出身者占全体录取者中 40% 的比例，说明美国顶级名校与私立高中之间有紧密的联系。实际上，从给常春藤联盟的名校输送学生的高中排行榜来看，排名靠前的大部分都是私立的高中。

我去采访过新泽西州的私立高中劳伦斯威尔中学，每年将近半数的毕业生送入常春藤名校，是全美国有名的高中。一年的学费是 62 000 美元（约 682 万日元，含宿舍费）。在这所得天独厚的高中汇集了优秀的老师并且限制了招生人数，因而学校能采取一切对升学考试有利的措施和策略。

例如，在这些享有声望的私立高中，教师致力于教学，每位教师指导的学生人数保持在比较小的规模内，因此可以执行精细准确的学习指导。同时，这些享有声望的私立高中在过去已将许多学生送入了顶级大学，积累了相关的专门知识和经验，而且学校的升学辅导员也拥有许多大学的人脉渠道。

另外，在美国同样是"公立"学校，位于条件较好地区的公立学校与处于条件欠佳地区的公立学校之间，在教育环境上存在极大差异。查看基于学习成绩、毕业率、大学入学率等指标的美国公立高中排行榜，大多数排名在前的高中都集中在东部的纽约州、马萨诸塞州以及西部的加利福尼亚州。就是说如果您知道高中的地点，就能判断其水平层次。

尽管这样，在全是热情高涨积极上进的学生聚集在一起的高中，想获得突出的成果难道不是很艰辛吗？并非每个人都能当上学生会主席，而且大家都在很努力学习，所以要想取得高绩点也该是相当困难的。然而，为什么这些高中学校能够大量地输送学生进顶级大学呢？

为了成为和别人不一样的高中生

在九成以上的报考生都不被录取的美国顶级大学入学竞争中，考生的考试分数或绩点几乎没有差别。在这里成为决定性因素的是小论文和推荐信。必须在小论文中强调的是"卓越性"。特别是在课外活动中表现了怎样的卓越，即在社会贡献方面的卓越，这是顶级大学以"人格（character）"为评价中心指标基准的一大要求。

为了在这一领域取得高分，名门高中的学生都很拼命。

接受采访的名门私立高中的老师叹息道："大家都想创建新的俱乐部，而对于不能写在小论文上的活动，大家就不想做。"

以顶级大学为目标的学生，即使是在打工方面，也常常以"能写在小论文上的材料"为基准来选择工作。暑假旅行地的体验，诸如快乐开心的事情，也包括被欺负的伤心的体验，都必须成为强调"与他人不同"的元素。至少他们会在那样的意识下决定课外活动的优先顺序。

冷静地想一想，在充分提高学习能力的基础上，还在音乐、体育、课外活动上也表现很突出是不现实的。因此，每个科目的成绩都很好且没有大的起伏，同时具备进取心和社交性的"全面发展的学生（well-rounded person）"是顶级名校典型的学生形象。

我问过普林斯顿大学的学生们，他们是如何展示"与众不同"的呢？

由此呈现出来以下五种类型的故事。虽然这五类例子不能反映全貌，而且这些例子还有相互包含组合的情形，但是，作为考上美国名校的学生们自己的说法，这些例子也还是可以参考的。在日本的求职活动中进行的 PR（自我陈述、自我表现或自我推销——译者注）那样的环节，作为顶级名校的登龙门是必备的条件。

1）"克服困难的故事"

比如在单亲家庭的环境中成长，中学时代被欺负，进入高中后，通过各种各样的努力克服了这些逆境中的困难。

2）"海外体验的故事"

通过各种各样的海外经验，来表现自己具有了与他人不同的素质和能力。

3）"少数群体的故事"

与克服困难相似，作为少数群体在种族、宗教等方面的经历使自己成为一个与众不同的人。

4）"展现领导力的故事"

高中时代在社团活动和志愿者团体中发挥组织领导能力，不畏风险，成功组织一些活动，并展示自己从失败中学到的经验。

5）"课外活动的故事"

在小说写作、音乐、体育、探险、杂技等兴趣爱好上表现卓越，有获奖经历并能展示从中学习到的东西。

正值多彩的高中时期，与其将时间花在补习班或预科学校里，不如将精力花在志愿者活动中而积累各种各样的经验，这样才是健全的高中生活，我想也是有人持这样的观点的。但是请不要忘记，参加音乐和体育活动都需要有器材，因而也需要花费大量金钱。

父母的想法和周围的氛围

当然，美国的家长们和大学有关人士，都不认为这样的现状就好。在一次学生家长的聚会上，曾听到了这样不满的话："所有的精英高中生如果不去柬埔寨支援学校建设的话，就进不了顶级大学吗？"

其实，这不仅是别人的事，也涉及我自己，因为我也有一个女儿在美国公立高中读书。女儿就读的高中是位于大学街的高中，虽说是公立的，但也是升学率很高的学校。她还是高一学生（四年制高中一年级学生），所以应试准备的大浪还没波及我们家。但是，已经开始弥漫着这样一种准备的气氛。无论是体育项目还是管弦乐队活动都开始了"一队（varsity）""二队（junior varsity）"的选拔；课程上，也正在积极地为针对能够获得A级（4分）以上成绩的AP科目的选修做准备。是的，要参加AP课程的学习，就必须在此之前获得选修资格。"为了……，去做……"的准备接连不断地都在提前进行。

我们家绝不是"目标盯准顶级名校"这样的家风，只要孩子能够尽情参加自己喜欢的活动就好。可是，学校和周围的学生家长形成的气氛会不知不觉影响自己家的行为。周围的学生都在从事体育、音乐、志愿者活动等，我也开始觉得原来是要这么做呀，别人做，我们也得做。于是也让孩子去参加这些活动。现阶段，似乎还没达到让女儿本人感到有压力的程度，但因为作业量非常多，有时候也会觉得女儿很忙，油然而生一丝怜悯之情。

合唱、网球、长笛等都是女儿本人的爱好，而且没有补习学校的那一套课后作业，所以她学习起来也只是做学校布置的家庭作业。但是，关于如何度过暑假这件事，父母不知不觉就想让孩子体验那些将来可以写在小论文中的活动。

居住在美国的记者冷泉彰彦先生所著的《如何进入常春藤名校》是一本美国顶级大学的升学指南书。根据此书记载，为了获得音乐、体育等方面必要的"卓越"成果，其开始的时期好像是在 13 岁。

在日本，为了应试会暂时停止课外活动。与此相反，努力在课外活动上投入更多精力，在拓展个性这点上我认为是一个好的倾向，但是活在"这方面要努力那方面也要努力"的世界却是极其艰难的。

顶级大学也在反省

这种高中生活全被升学率笼罩起来的校园氛围，特别是一切活动都变成升学"手段"的压迫感也促使大学方面进行了一定程度的反省。哈佛大学教育学研究生院 2016 年发布的报告《扭转趋势》（*Turning the Tide*），针对美国顶级大学的入学申请改革，提出了具体的改进方案，受到了人们的关注。这份报告书指出高中生的"社会奉献"活动现状，已脱离为自己所属社会做贡献的初心，变成为个人成功而优先利用的一种入学申请手段。为了将其还原成本来意义上的"社会奉献"活动，报告书还总结了改善方案。

这份报告中，提出了诸如这样的意见："课外活动要重视的不是数量，而是质量"，"要考虑的不是大学的知名度，而是和自己的匹配度"等。在怎样下功夫减少精英高中生应试压力以及招生负责人员应怎样保持良好心态方面，列出了一系列引人注目的提案。

可是，在我看来，这种自我反省并没有使整个美国潮流发生太大的改变。既然课外活动的质量已经成为入学审查的重要基准，那么为了展示"与他人的不同"，就不得不去积极竞争。

最能"拉开差距"的部分是"暑假的度假方式"。这是展示自己和别人有不同经历的好机会。不用说，比如暑假去外国做志愿者等是可以有与同学不同的经验，但那就要花钱。在这方面，富裕的家庭和不富裕的家庭也有差距。

在课外兴趣活动方面也是一样的。据说某个高中生还被这样半开玩笑地建议："如果你想进入普林斯顿大学，你应该成为密苏里州的长笛演奏家。"这是在比尔·保罗采访精英学校考试的内情后整理写成的《滑进大学》（*Getting In*）一书的开头引言。在美国中西部的密苏里州，升学到常春藤联盟名校的学生很少。如果能成为只有富裕人家才能培养出来的长笛演奏家的话，就可以衬托出与他人的不同。相反，如果连这点与众不同的事都做不到的话，那就意味着不能被普林斯顿大学录取。

"优秀的绵羊"

如果说学生很辛苦的话，那指导他的教师就更辛苦。特别是写推荐信（reference）已成为高中教师的一大工作。我的想象中，推荐信在日本相当程度上只是形式上的、礼仪性的东西，但在美国，即使进入社会后，推荐信也起到很大的作用。在考试分数上已经无法拉开差距的顶级名校的入学竞争中，还是推荐信显得有分量。

高中教师必须考虑如何将都追求优异成绩的学生们进行差异化，输送他们到各自希望的大学。为此，教师一年中最少也要写10封推荐信，多的时候不得不写出20封左右的推荐信。而且普遍适用的笼统写法是不起作用的。正因为对各个学生都要非常熟悉才能写出差异化的内容，所以教师就必须花精力好好准备。

从以上讲的内容就可以明白了吧。大学的"入学考试"本身，已超出进入大学的"入口"的作用，完全左右着考生们怎样度过高中生活，甚至，因人而异地对其中学时代也产生极大的影响。在日本，也有人批评"应试"使儿童从小就面临过度竞争。美国的大学入学考试，虽然竞争内容不同，但是同样也成为阻碍年轻人形成丰富人格的巨大枷锁。

本书开头介绍过的那位顶级名校的原教授，称那些"精英"学生们为"优秀的绵羊"，意指他们缺乏本该有的好奇心和目的意识，大家都朝着同一方向行进，被动地处理完成着被赋予的一个接一个的课题。

我自己也在普林斯顿大学指导三年级学生必须提交的论文。在论文提交截止日期两天前收到了一个女学生发来的这样的邮件，让我想起了"绵羊们"的说法（原文是英语）。

> 老师，麻烦您检查一下我的论文结构是否合适。这篇论文可能是要求写政策建议的内容，但我好像把它写成了调查报告，而且我担心这会对我的成绩产生负面影响。如果有什么需要修改的地方，请务必告诉我。

这个学生是少数种族，是一位总是让人感觉到她在学业上很努力的学生。应该高中时代比别人付出了加倍努力才进入了普林斯顿大学吧。

与那些完全没有学习欲望的大学生相比，"优秀的绵羊"不也挺好吗？确实，也有这样不同的观点吧。可是，对于那些因才能出众而能够进入顶级名校的学生，我由衷地希望他们充分地拓展其才能。如果需要一边在乎周围人的评价一边形成自己的生活模式的话，那就太难了。

父母的光环——Legacy 方式入学的波纹

在美国顶级名校的入学考试中，长期受到批评的是毕业生子女和大学教师子女优先取得入学资格的"Legacy 入学"方式（传承录取或校友推荐入学制度——译者注）。比如，大家所熟知的前总统乔治·布什，学校成绩并不好却能够进入耶鲁大学，除了其父母的光环影响以外再没什么可说的，这已经是美国人家喻户晓的事情。

当然，没有大学公开承认这种 Legacy 入学名额作为公认的入学考试制度。但实际上，一定数量的大学有关人士的子弟，作为"Legacy 入学者"进入了各所大学。例如，在普林斯顿大学，2017 年"Legacy 入学者"比例达到入学者全体的 14.7％。"父子三代都是普林斯顿大学"和"父母是教授"的例子并不稀奇。

以家族为单位吸引对大学具有高度忠诚度的人可能会有利于巩固私立大学的财务基础。捐款就不用说了，如果是毕业生的子女的话，极有可能放弃其他大学的入学录取，为"实际入学率"做贡献。对于这点，私立大学的说法好像是这样的：既然州立大学可以为正在缴纳州税的州内申请人提供优惠待遇，同样的道理，私立大学对捐赠捐款的毕业生的子女或提供服务的教师的子女，优先考虑其入学的这种优惠待遇又有什么不好呢？

确实，教师的子女生活环境优越，优等生很多。但是，通过这种 Legacy 方式入学的学生的录取可能性比一般考生竟高至 5 倍的状况，很难向落榜的学生们解释清楚。从落榜的人来看，恐怕不得不批评这是在进行"优等生的再生产"吧。

我并不认为这种长期饱受诟病的 Legacy 入学现象今后会突然减少。虽然提倡多样性，但是实际上构成顶级大学的核心部分的东西，也许可以认为就是考虑"正统的书香门第"和"有来历的人物"方面。

原本在美国名校的 300 年历史中，家族地位、人物特性作为入学标准受到重视的制度也就在最近 100 年。调查发现，在形成这样状态的背景中存在着不太为人所知的事实。

为什么形成了"综合素质入学考试"制度

在日本，价值观正从以群体为中心转向注重个性。作为一种对个性进行评估的方法，AO（综合素质评价——译者注）推荐入学考试已被普遍地采用。1990 年庆应义塾大学湘南藤泽校区引入 AO 入学考试，以此为开端，不单靠学习能力的入学考试制度得到广泛实践。这与美国使用的一般入学考试方法非常接近。然而，在被视为榜样的发源地的美国引入综合素质评价入学考试的背景情况却大相径庭。

直到 1920 年代，美国的大学入学考试也仅仅进行学习能力考试（具体是拉丁语和希腊语）。通过加入诸如品格、社交性和领导力等模糊标准，使其变成"综合性"的考试的原因是这样的：大学认为如果仅凭学习能力评估，犹太学生人数会过多增加，从而对大学造成威胁。19 世纪末在俄罗斯开始的迫害犹太人运动将他们驱赶到世界各地，而美国的东海岸成为其最主要的移民地。在这种背景下，上大学作为在美国社会成功立足的途径，急剧增加的犹太人力争考上大学就是理所当然的了。

另外，接纳学生方的著名大学宣称，其使命是教育培养应该成为未来的国家领导人的盎格鲁·撒克逊"正统"的新教学生，所以大学不能大幅度地增加犹太人学生的数量。

20世纪上半叶，在美国顶级名校中，由于一些以上流身份自居的有钱人家的公子哥们的存在，使得嘲弄知性的文化蔓延开来。对他们来说，憧憬的大学生形象不是知识分子、有教养的人，而是游手好闲的人和运动员。尽管学校知道如此，但对大学来说，这些能支付学费、能捐款的学生宛如学校的顾客，仍然受到了欢迎。

在这里，如果有具备优秀学习能力的犹太人入学，种族不满自然会加剧。这样，犹太人的增加无疑动摇了没有贵族制度的美国通过大学好不容易才开始建立起来的基于学历的阶级社会的舒适感。

因此，大学当局开始采用以人为本的入学考试，以便在避开"种族歧视"非难的同时，继续确保他们招收到自认为合适的正统白人学生。如果仅以学习能力为标准，那么许多优秀的犹太人学生就会大量入学。因此，大学当局为了能录取自己想要的学生，就加入所谓"学生综合素质评价"这些暧昧的基准来操作入学考试。以上是近年来研究表明的导入综合素质评价考试的经过。

社会学家吉隆·卡拉贝尔（Jirom Carabel）曾详细调查

研究过哈佛大学、耶鲁大学和普林斯顿大学的入学评审制度的历史。据其称，在1920年代，美国大学的入学选拔的基准就开始从拉丁语等传统学问的掌握程度转换到诸如领导力和人格个性这些侧面。这显然与遏制欧洲的移民和限制著名大学中犹太人学生数量增长的目标相吻合。

本来，当时教授作为入学考试科目的希腊语和拉丁语的高中大多数是私立的。考虑到这一点，显然，学费高的顶级名校最初是为富裕的白人建立的大学。卡拉贝尔先生指出：实际上，自从1925年引入考察综合素质的入学考试制度以来，通过考试进入哈佛大学的犹太人比例从30%减到15%，这个水平一直保持到第二次世界大战为止。

引入综合素质评价的录取基准并不是大学为排斥犹太人所做的唯一事情。1923年，哈佛大学试图通过设置犹太人"入学名额"来限制犹太学生入学，而这招致了强烈反对。看到这一幕的耶鲁大学，并没有明目张胆地设置入学名额限制，而是以"确保地理多样性"为名，间接地抑制了来自纽约的录取者，因为犹太人中大多数都是纽约出身。这不是明显公开地歧视，而是在"维持出生地分布多样性"这一表面上的公平方针的同时，操纵着选拔的方法，以致大学当局能够随意排除来自"不希望入学族群"的学生。

研究普林斯顿大学历史的詹姆斯·阿克斯泰尔（James Axtel）表示，普林斯顿大学向黑人学生和女学生敞开大门也并不是对公民权运动做出积极回应而采取的措施。比如说，

1960 年代末期，最早对女生开放大门的哈佛大学、斯坦福大学都有一种危机感，即担心那些渴求和女生相逢的男学生的流失，因此招收女学生也只不过是在其危机感中自然而然地采取的对应措施罢了。

仅从结果来看，美国的大学给人的印象就像是，理想的转换制度吸引了多样化的学生，但正如迄今为止所见，大学并不一定是基于大义而主动选取这一过程的。

奖学金的对象是谁

在大学白人统治持续很长一段时间的情况下，近年来美国顶级大学在"多样性上的考虑"，作为大学方面主动的努力表现得到了很高的评价。为了积极地招收低收入家庭或首次出现大学生的所谓"第一代"家庭出身的学生，呼吁大学要进行奖学金充实化等工作。这点我想坦率地予以称赞。

被批评为对富裕阶层进行再生产的机构的美国顶级大学，从 2000 年代后半期开始致力于设立充实奖学金。哈佛大学、麻省理工学院（MIT）和普林斯顿大学自 2002 年以来一直采纳了不考虑考生家庭学费支付能力而进行选拔的"需求无关（need-blind）"制度，开创了扩大奖学金范围的先河。耶鲁大学在 2005 年率先对家庭年收入在 45 000 美元（约 495 万日元）以下的子弟给予学费免除，哈佛大学在 2006 年以年收入 6 万美元（约 660 万日元），2012 年以 65 000 美元

（约715万日元）为上限，推出了同样的免学费制度。2016年以后，据说要求年收入在65 000美元到15万美元（约1 650万日元）之间的家庭仅支付收入的10%作为学费，而有15万美元以上收入的家庭则贡献更高比例的学费。

大学的这些努力无疑增加了来自相对低收入家庭的学生人数。就普林斯顿大学而言，尽管金额取决于父母的收入，但60%的入学者总能获得一定的奖学金，这也包括来自海外的外国学生。

也有支持日本留学生的公司和基金会。例如，优衣库公司总裁柳井正先生创立的柳井正基金会提供了一项奖学金，限定资助在美国顶级大学留学的学生。此基金会资助10名留学生，提供每人每年7万美元（约合770万日元）的奖学金，为期四年。我也希望这样鼓励优秀高中生留学，但一想到如果把相同数额的奖学金用于日本国立大学学生的话，可以资助50多名学生，我的心情就有点复杂起来了。

话说回来，美国顶级大学迅速地建立完善了奖学金制度这件事是有其背景的。1990年代后半期政府注意到大学持有的资产急剧膨胀，开始对大学施加压力，要求大学用自己的资产来补贴教育经费。在这里，通过充实奖学金来确保多样性的大义背景，也可以看出大学经营战略的内幕。

低收入家庭是奖学金讨论中的重点。不过，在美国，有很多家里有游泳池和网球场这样让普通日本人无法想象的富人。原本，在讨论名门私立学校应试的时候，就针对的是中产或以上家庭，因此奖学金的领取对象也变成了"中产以上"收入的家庭。顺便说一下，关于耶鲁大学2013年9月入学的学生，其中69%都来自年收入12万美元（约1320万日元）以上的家庭。

原本，虽说是"需求无关"，但填写申请书时，有关高中、出生地、父母的学历、Legacy入学等相关信息，应该足以让大学方知道申请者的家庭收入水平。

虽然可以说收入和财产的申报等与"入学考试"是分开的，但是很难认为两者完全没有关系。在贫困家庭中长大却在SAT等考试中取得高分的优秀学生，大多居住在经济停滞不前的地方，因此没有教员和前辈会向周围提供顶级名校的有关信息，或是催促他们参加考试。因此，也有人指出，分数在可录取范围内的很多学生根本就没想过向顶级名校提交申请书。

顶级名校的奖学金使小规模大学苦不堪言

顶级名校充实的奖学金制度的问题是，不仅没有彻底地帮助到贫困阶层家庭的学生们，还波及了财力低下的小规模大学。之所以这么说，是因为这些大学与私立顶级名校一样，为了吸引优秀的学生，卷入了奖学金竞赛中。但是，小规模大学想要扩大学费全额免费的范围，在财力上是很难的，必须让更多有支付学费能力的学生入学，才能维持大学的运营。

简而言之，小规模大学没有能力为优秀的中上阶层家庭的孩子提供奖学金，因而不能吸引他们来自己的大学并留住他们。此外，财力宽裕的顶级大学可能免除学生贷款还款义务，然而在其他大学，学生毕业后找不到工作而不能还款的情况屡见不鲜。这样，拥有财力的大学与没有财力的大学之间的差距越拉越大。

顶级大学的奖学金，对那些能够从中受益的人来说，当然是值得庆幸的事。但是，从高中教育体系整体来看，入学申请者只有 5%～6% 能够得到被录取的顶级大学的奖学金，就算得到充实扩大，也无助于那些分散在美国各地的成绩优秀却穷困的学生。

在日本，有一段时期，东京大学学生的父母的平均收入较高也是一个被责难的问题。但是，如图 1-1 所示，通过对东京大学学生的一项调查来考察家庭支持者的年收入分布，尽管一些高收入者拉高了平均水平，但据 2014 年的调查，有 30% 的人来自平均年收入低于 750 万日元的家庭。

特别要注意的是，家庭年收入低于 450 万日元的家庭约占 10%。

2017 年 1 月 17 日，据《纽约时报》报道，在普林斯顿大学，学生家庭收入多在 18.6 万美元（约 2 046 万日元），而

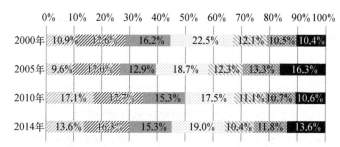

图 1-1 东京大学学生家长（家庭支持者）的
年收入分布（2000—2014）

资料来源：《东京大学学生生活实态调查》（2014 年）

且 72% 的学生来自收入高的 20% 阶层的家庭。东京大学只有约 20% 学生来自年收入 1 250 万日元以上的高收入富裕阶层，与普林斯顿大学的情况相比，东京大学是相当明显的"平民化"大学。

因时代而变化的人种权重

顶级大学的入学申请表中有父母收入和种族的栏目。如果你问大学其原因，他们可能说是因为对低收入人群和少数族裔给予特殊考虑。但是，此信息还可以用于控制来自特定种族或拥有特定宗教信仰的学生人数，或一定程度上确保录取具有高支付能力的家庭的学生。

无论在哪里出生或长大，如果表现优秀，都可以成名，这就是所谓的美国梦。但是，随着时代的推移，优秀（merit）的定义已经改变了。

即使回顾大学入学考试的历史，对于"优秀"的定义也一直存在争议。1960年代多样化和包容性的概念弥漫大学时，那些虽成绩优秀但被封锁了通往顶级名校道路的女性和黑人，通过公开的"反歧视"活动加速了名校大门向他们开放。

然而，自1980年代后半期以来，成绩优异的亚洲学生人数增加，并且遍布各大常春藤联盟名校。"只要成绩好就行"的想法，再次被学习能力以外的标准加以修正。

当然，大学不承认根据种族类别限制了合格申请者的数量。但是，一些研究人员从各种统计数据中得出的结论是，大学当局在进行操纵从而不让亚洲人增加太多。

华尔街分析师出身的罗恩·恩茨，针对美国社会的贫富差距发表了引起争论的言论。他认为，亚裔美国人的人口比例从1993—2010年之间增长了将近两倍，而进入顶级名校的亚洲人所占的百分比却保持不变，这是不自然的。在数学奥林匹克、物理奥林匹克、化学奥林匹克等以高中生为对象的主要竞赛中，名列前茅的获奖者大部分由亚裔学生垄断，但是这种趋势也并没有反映在顶级大学的亚裔学生入学人数上。

确实，对明确宣称没有划分各种族录取名额的加利福尼亚州立大学而言，仅看伯克利分校等顶级名校的情况，近年来约有40%的学生是亚裔。即使减去加州有许多亚洲人居住的因素，东部地区私立顶级大学中亚洲学生的比例一直徘徊在20%左右。这一背景下就不难想象有某种力量正在起作用。

新的"犹太人"问题

这种趋势已开始影响近年来亚洲人的申请行为。表1-3显示了大学根据学生的自我报告说明的种族分布数据，但值得注意的是，"未知"占比1.5%。例如，存在着这种情况，因为害怕自己的亚洲人身份会对申请不利，所以就不敢写明种族。

表1-3　普林斯顿大学在校生的种族分布
（自己申报）（2016年）

种　族	比　例
白人	43.5%
黑人	7.8%
西班牙人	9.6%
美洲原住民	0.1%
亚裔美国人	21.3%

种　　族	比　例
多种族	3.8%
太平洋诸岛	0.2%
海外留学生	12.2%
不明	1.5%

资料来源：普林斯顿大学官方网站"大学入学统计"（University Enrollment Statistics）（opening enrollment）。

上过我课的一个亚洲学生说过这样的事。根据他的情况，他得到过一位负责高中生升学就业的指导老师的建议，要求他在种族的"未知"栏上打钩。由于种族是可以通过姓氏和父母的工作经历来判明的，因此，指导老师觉得自我报告也没有意义。这个建议可以被认为是基于这种顾虑，即"亚洲系"这种身份可能会产生不利的影响。

以哈佛大学为首的美国顶级大学，遇到过几起被诉讼的情况，一些"亚洲系"学生声称被拒绝入学是遭到不公平对待而提起了诉讼。想要多样性和学习能力两个理想并存是那样困难，这使一个类似于过去排斥犹太人的模式再次浮出水面。

美国顶级大学的经营团队在多样性和卓越性的夹缝中痛苦地决策着。如果想要维持多样性，就需要抑制多数派种族学生而给少数派种族学生提供必要的优惠。但越是这种操作就越难以各自学生的卓越性为基准录取学生。

优秀学生越来越雷同

确实，美国的顶级大学促进"多样性"的努力值得赞赏。在普林斯顿大学，为了那些家族中出现"第一代"大学生的考生，实施着充实的入学前培训指导，入学后为了细致热心地接纳少数族裔的学生，也安排学院院长出席学生的特别晚餐会等活动。但是，越是想招收各种类型的学生，参加入学考试的人数就越多，录取率就越低，竞争也就越激烈。竞争的激烈化基本上有利于在得天独厚的家庭中成长起来的高中生。要撬开已经变得狭窄的美国顶级大学的大门并非易事。

如果从大的方面看，美国的顶级大学都注重多样性，但结果给人的印象是，具有相似背景和想法的学生聚集在一起。这就好像速度竞争使各国高铁都建造成大同小异的形状一样。

随着考试竞争加剧，大学方面也变得没有余地录取奇异人才，全能学生的比例也会增加。出现了既能学习、又能运动、还有领导能力的人见人爱的温厚人物群像。考生们也为了确保不会疏忽每个必要的考查项目，竭尽全力争取全方位的发展。

日本是创造出"自己也和别人一样"的气氛来使社会和谐安定。与日本不同，美国却是把"与众不同"作为重要价值观加以提倡。在如此的美国，"大家都很相似"这样的事对美国的精英教育来说，不仅具有讽刺意味，甚至被认为是致命的。从外表上看，美国顶级大学成功地吸引了各式各样的精英大学生，可是这些精英大学生的头脑并不像外表看起来那么多样化。这就是我逐渐形成的印象。

如何看待日本的"入学考试制度改革"

美国顶级大学的状况为日本大学改革带来了很多教训。一个人的"个性"尽管无法通过审查学习能力的笔试来衡量，但是通过书面材料筛选也是同样困难。而且综合素质评价如果面临过度竞争的话，反而会只能招收进来同类型的学生。

那怎么办呢？

我认为东京大学的笔试并不完美。但是，必须在确认以下三点后才能进行改革。

（1）仅从东京大学来看，在引进推荐入学考试以前，也招收了各种各样的学生。不能完全说笔试考试方式只招收了同类型的学生。

（2）即使是日本顶级大学的一流研究人员，也是要承担入学考试相关的事务，这是工作的一部分（这个基本事实，在西方的赞赏声中经常被遗漏）。在当前的人员配备和任务分配体制下，如果入学考试变得很复杂，教师的负担将会增加，并阻碍其研究和教学活动。

（3）在美国顶级大学的综合素质评价入学考试中，花费那么多的人力和时间，能否录取到多样化的学生还是个疑问。所有的改革的推进，都必须明确意识到"多少成本"和由"谁"来承担这些成本的问题。

就入学考试的公平性和良好的性价比而言，日本式的学习能力考试是非常优越的。当然也存在一些问题，比如考试机会有限，出现本质上与学习能力无关的、吹毛求疵的考题等。但是，尽管如此，我也并不认为日本应该无条件地采用美国式的综合素质评价入学考试制度。重要的是，今后的招生考试改革中，都要确保透明度和公平性，而且不能使录取标准复杂化。

教师不应该在入学考试事务中消耗太多精力，而应该致力于在入学后激发学生们的多种潜在能力。因此，在下一章，将思考学生入学后的教学问题。

第 2 章
"气氛热烈活跃的教室"的背后
——被质疑的教学环境

大学排行榜的评选基准包含"教学质量"。这里常用指标为"师生比例"。前提是每一个学生所对应的教员数越多，对学生的指导就越细致。但是，从顶级名校的现实来看，教授越是有名，担任的课程越少，与学生的接触也越少。这是因为，比起教学，研究更优先。

日本也热衷于从形式上引进办公室接待时间、教学大纲、授课评价等这些美国制度。然而，这些制度的发源地美国是怎样进行教学的？又培养出怎样的学生？日本必须在慎重研讨这些问题的基础上着手进行改革。

教室里有热烈活跃的气氛吗

从东京大学退学后申请进入美国顶级大学的学生都异口同声地说到这是缘于讲课质量的差异，更具体地说，是教师对课程投入热情的方法不同。在电视上看见"哈佛大学热烈活跃的课堂",人们被充满跃动感的美国式参与型课程所感动,其中也有很多人回忆起自己曾经听过的枯燥的"日本式"课程的情景。

美国大学的讲座有那么精彩吗?看了对内部人员全部公开的普林斯顿大学的授课评价,我注意到了经济学院的有名教授保罗·克鲁格曼(Paul Krugman,2008 年诺贝尔经济学奖获得者)的授课反馈。他不愧为人气教授,选修他的课程的学生人数远远超过 100 名。但并不是所有学生都对其讲座给予很高的赞许,我感到很意外的是很多评论是那样尖锐刻薄。例如,有像这样的评论:

> 如果你想听克鲁格曼教授谈论他熟知的经济史的有趣时期,你应该选修他的课程。但是,绝对不要期望太高。
>
> 课程不值得选修。虽是一位著名的教授,但不擅长讲课。
>
> 保罗·克鲁格曼是一位出色的研究者和专栏作家,但不是经济学院讲课讲得最好的老师。考虑到选修这门课程所花费的时间,就有些后悔,应该自学就好了。不过,觉得从选修了诺贝尔奖获奖者的课程这点来讲,又是一件好事。

当然,如果听课学生很多,自然也就会有不好的评语。

但是受所谓"白热教室"的热烈活跃气氛感化从而认为只要是美国知名教授的课程就一定满意度很高，这样的幻象似乎有必要首先摒弃。每所大学都存在有趣和无趣的课程，而且本来有趣和无趣的评价标准也是多种多样的。美国的顶级大学同样如此。

在普林斯顿大学，对于选修学生达到一定数量的课程，其教学大纲是这样构成的：每周2次50分钟的授课，再补充每周1次的所谓"precept"（少人数研讨课）。由于讲课时间每次只有50分钟，在大多数情况下，只是老师单方面进行讲解，没有时间接受学生的提问。

说到教室的气氛，是这样的：每个学生一到座位上就打开一台 Mac 电脑，然后开始咔嗒咔嗒地敲键盘做笔记。或

图2-1　2016年春季学期作者讲课的情景

者，也有可能是在网上和朋友聊天。反正，同时点亮的苹果标志星星点点地隐约浮现在眼前。看不到睡觉的学生，上课的态度总的来说也算积极。

在日本关于大学改革的议论中，主要讨论预算、研究水平和留学生人数等外部指标，而在教室里发生的事情则很难成为讨论的对象。

课堂是否多样化

2013 年春天，我第一次站在普林斯顿大学的讲台上，眺望着坐在阶梯教室里的 70 多名学生，惊讶于与东京大学完全不同的课堂景色。绝大多数是女学生。虽然我有些紧张，但这一幕场景还是映入了我的眼帘。

图 2 - 2 是普林斯顿大学与东京大学的女学生比例趋势的调查数据。

虽说各个学院（学部）的情况有所差异，但是和男生占压倒性多数的东京大学相比，其情景当然大不相同。因为进入 21 世纪后，普林斯顿大学的男女生几乎各占一半。

顺便提一下，东京大学比美国顶级大学早 20 多年，在1946 年就录取了 19 名女学生。可是，在 70 年后的现在，本科生的男女比例仍然停留在 4 比 1。东京大学校方也对此感到担忧，为了使女学生增多，也在努力采取开设特别课程以及发放生活费补助等措施，然而日美间的差距仍然很大。

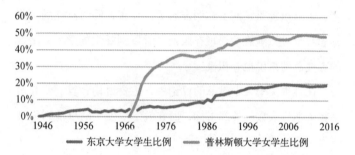

图2-2 普林斯顿大学与东京大学的女学生
比例趋势（1946—2016）

注：东京大学的1947—1950年的数据是旧制，而1951年以后是新制大学的数据。东京大学1953年以及1959—1993年间的女生总数未公布，所以用入学学生中女生的比例来代替。对于1969年，因为没有公开女学生的人数，并且取消了入学考试，所以没有数据。

资料来源：东京大学官方网站"入学人数和申请者数量"、普林斯顿大学官方网站大学入学统计（公开招生）、《东京大学百年历史资料Ⅲ》（1987年）、《驹场的50年1949—2000》（2002年）。

　　去大学学习的价值也在于可以遇到不同背景和价值观的人。也就是说，教室里聚集了多少程度的多样化的学生，是判断学习"质量"的重要指标。上面提到的女生比例是其中之一。但是在美国，除此之外，还有来自不同国籍、种族、宗教和经济阶层的学生聚集在教室里。通过在讨论中鼓励不同背景的学生发表意见，让听者说出："明白了，原来还有这种看法啊！"这样的发言不仅对老师而且对其他学生都是一种极好的刺激。

　　在追求多样性方面，美国顶级大学的支持体制十分完善。校园内有满足多种宗教需求的设施和工作人员，并设有女性同性恋、男性同性恋、双性恋、变性者（LGBT）学生专用的活动中心。在日本被部分视为禁忌的奇特个性在美国大学也被认为是给校园多样性增添色彩。从这样的基准来看，普林斯顿大学的教室确实可以说是丰富多彩的。

但是，一旦与单独的学生交往相处，不可思议的是，会发现东京大学学生的个性差异更大。大部分学生都是日本人，而且很难明显地看出宗教、经济多样性的东京大学，却让人感觉更加富于多样性，这是为什么呢？

东京大学的国际学生人数和分布范围广泛性将在第4章中叙述。在这里想指出的是，普林斯顿大学的学生有相似的志向。我认为，这在很大程度上是由上一章所述的入学考试制度导致的，但也似乎与学生们想要在高中的各门课程中都潜心学习力争前茅的习惯密切相关。无论做什么自己都该是优等生的心态给学生们带来了特殊的压力。

课程的重点——旨在确立"独立的个性"

在美国顶级大学中，从允许学生自由选课，到规定课程让学生必修，课程设置模式多种多样。有全部课程都可由学生自主选择的"全开放模式"（布朗大学），也有第一学年必修规定的通用课程（相同的课程提纲、相同的课题文献）的"核心课程模式"（哥伦比亚大学或芝加哥大学的模式具有代表性）。哈佛大学和普林斯顿大学等许多顶级大学都采用了一种被称为"选择模型"的中间模式，就是让学生们可以从自然科学、人文社会科学等多个规定学科领域中选择自己喜欢的课程。

与其他大学相比，普林斯顿大学的课程设置模式中，最突出的是为了培育自立的精英学生而特别注重以下三点。

第一点是重视个人研究，即所谓独立研究（independent study）。具体来说，除了工科学生外，所有学生都必须写三年级论文（junior paper）和毕业论文（senior thesis）。对于这些论文，配备指导教师进行密切的指导。

第二点是鼓励新生在入学之年参加新生研讨会。由资深教授负责，每班选修学生限制在 15 名以内，每年开 70 多个研讨会。在这里，可以根据教授的研究课题，了解学习的乐趣，并得到学习方法的入门指导。顺便说一句，东京大学从 1990 年代开始在人文学科中引入了类似的"基础练习"体系。从 2015 年度开始改名为"初学年研讨会"，成为文理学科都实施的小班必修课。

第三点是所谓研讨课程（precept）的小组讨论会。无论规模多大的讲座课程，都要分成 15 人以下的小组进行分组讨论，每周进行 50 分钟讨论那些讲课中没有时间涉及的内容，特别是课题文献相关的内容。通过讨论，加深对文献内容的理解，把握讲义和文献的关联性。

研讨课程和助教的作用

研讨课程被认为是普林斯顿大学在全美最先引进的讨论形式的授课模式，在这里稍微详细地考察一下。

研讨课程本来是类似于英国的牛津大学和剑桥大学的辅导员体系，在后来成为美国总统的伍德罗·威尔逊担任普林斯顿大学校长时，于1905年开始导入普林斯顿大学，之后演变成一种教学制度。作为理想的状态，研讨课程是要在尽可能消除紧张拘束的空间里进行，不仅仅局限在教室内，而且也可以在教师的家里或校园的草坪上等各种各样的场所举行。这一授课模式被认为，通过消除分隔师生的障碍来使学生感受到教师的人际亲近感，并且极大地提高了学生们的学习热情。

后面要介绍的照片是1940年前后的研讨课程的场景。从单方面的讲课形式到双向讨论形式的转变是划时代的创新。

另外，要确保可以进行研讨课程教学的教师，对于大学而言是沉重的财政负担，因为小班的课要多开的话，就必须雇用更多的教师。

该制度刚开始时，很多教师的身份都是在大学里没有终身教授资格的讲师，这些教师的弱势地位被恶意利用，一直到他们的精力被榨干为止。虽然大学也曾遭到过这样的批评和指责，但是这种小组研讨会仍然作为代表普林斯顿大学的特色课堂形态存续至今。

图 2-3　初期的研讨课程的场景

注：沃尔特·"蜂鸣"·霍尔（Walter Phelps Hall, known as Walter "Buzzer" Hall）教授在上研讨课。1940 年代。历史照片集：校园生活，学术系列（AC112），箱号 MP011，图片编号 No.5686。

　　以我在 2016 年讲授的"环境——科学与政策"课程为例来看一下吧。大约有 150 名学生参加了这堂课，负责的教师是我和搭档的教授两个人，所以我们无法负责所有的小组研讨会。于是，雇用了三名助教（课程助手）来分别负责三个小组的研讨会课程，剩下的小组由教师担任。雇用助教的预算充足也是美国顶级大学的优势。

　　令人印象深刻的是，助教分别独立承担了小组研讨课程，这里当然包括小组讨论的运营管理，也包括报告的评分。与此相对，在日本的很多大学，助教几乎是杂务人员，没有被赋予"未来教育者"的地位。

与以往由教员承担一切的形式不同，现代的研讨课程，也有人视其为是财源丰富的大学将教师的工作分配给助教的制度。但是从积极的一面来看，对于学生来说，通过成为助教，可以接受作为教育者的自立训练。本来担任助教就是博士课程的必要部分，与其说是打工，不如说是大学研究生院教育的一环。助教也和教师一样必须接受学生的授课评价。还有根据学生的推荐表彰优秀的助教的制度。

普林斯顿大学的学生学习时间有多长

在美国，大多数大学的秋季学期是从 9 月到 12 月上旬，春季学期是从 2 月到 5 月。每学期包括节假日上课时间有 14 周。在上课时间长短这一点上，与日本也差不多。较大的不同之处在于一周要上多少节课。

询问"上课的数量"可能给人印象是毫无实质意义的话题，然而这是出乎意料地重要。因为每周上课的数量决定了学生可以花在一门课上的总时间。

在普林斯顿大学，有很多学生在半夜两三点提交作业。这让人不禁琢磨：他们到底什么时候睡觉啊？考试前学生憔悴不堪的样子，是显而易见的。

在普林斯顿大学，通常每周大约要修四个科目。一门课程一周内必须处理的阅读文献，会根据课程的不同而有所不同，但标准约为150~200页。如果将其简单地乘以4，则每周为800页，即约有四本书的分量。

除此之外，因为每周要求撰写读后感（课题文献的感想文）的课也很多，所以"假装读了"的话是行不通的。尽管从头到尾阅读整本文献的学生并不多，但如果不读的话，也就无法参加研讨课程的小组讨论。在意成绩的学生就更不会偷懒。再加上，一般认为预习花费的时间是听课时间的两三倍，所以是不可能选修六门课、七门课的。在普林斯顿大学，大概选修四门课程（语言科目每周五小时，普通科目3~4小时）就已经竭尽全力了。

图2-4是普林斯顿大学学生自治会以九名本科学生为对象进行生活时间分析（2012年）的结果。根据是考试前

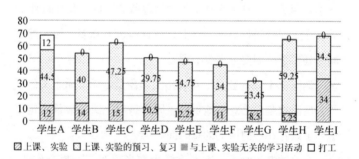

图2-4　普林斯顿大学学生的生活时间（2012年）

注：图中数据由本书作者分类

资料来源：《学术生涯整体评估》（*Academic Life Total Assessment*）（2012年）。

还是平时，是运动员还是普通学生等，两者之间会有细微的差别，但是从这里可以大致把握学生的生活实态。

从图中可以看出，九位调查对象的预习、复习等上课准备时间，平均每周超过38小时。将这些数据与下面东京大学学生的数据作对比是很明显的。东京大学学生的话，一周花31小时以上准备上课和实验的人只有1.7%。

普林斯顿大学的学生给人的印象是，他们在严峻课程的压力下被"压扁了"。当然，也有学生不拘泥于成绩，而在舞蹈和艺术等课外活动中找出生活的意义，并以拿C（及格）的心态来上课。但是大部分学生都以A（优）为目标全力投入课程学习。

"学生没有时间看课程文献以外的书。"这是在2000年至2013年间担任校长的雪莉·蒂尔曼（Shirley M. Tilghman）教授在演讲会上说的话，直截了当地揭示了大学教学的问题点。对于在完成被给予的课题上投入全部时间和精力的学生们，到底能不能养成积极主动的学习态度？就凭是普林斯顿大学原校长自己提出来的这一点，这个问题就值得关注。

"东京大学学生仅在上课时学习"

东京大学的状况呢？图2-5是关于2014年以东京大学的学生为对象进行的生活时间调查，以"在学期中和假期中，典型一周的生活时间是如何分配的？"为题。

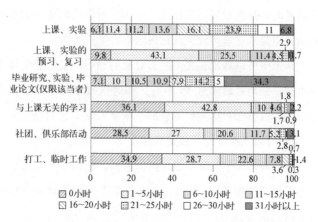

	上课、实验	6.1	11.4	11.2	13.6	16.1	23.9	11	6.8
									2.9
上课、实验的预习、复习	9.8		43.1		25.5		11.4	4.5	1.7
毕业研究、实验、毕业论文(仅限该当者)	7.1	10	10.5	10.9	7.9	14.2	5	34.3
									1.8
与上课无关的学习		36.1			42.8		10	4.6	2.2
								1.7	0.9
社团、俱乐部活动	28.5		27		20.6	11.7	5.2	3.1
								2.8	0.7
打工、临时工作	34.9		28.7		22.6	7.8	1.4
							3.6	0.3

0   20   40   60   80   100

☒ 0小时   ☐ 1~5小时   ▦ 6~10小时   ▨ 11~15小时
▧ 16~20小时   ▥ 21~25小时   ▦ 26~30小时   ■ 31小时以上

图 2-5　东京大学学生的学期中的生活时间（2014 年）

资料来源:《东京大学学生生活实况调查》(2014 年)。

其结果表明，一周中的总活动时间为 8 小时×5 天（工作日）=40 小时，大约有 40% 的学生花费了一半以上的时间上课。根据学期中的数据，在"上课、实验"上花"21~25小时"的学生人数最多，约为 24%；其次是花"16~20 小时"的，约为 16%；花"11~15 小时"的，约为 14%。

根据上述普林斯顿大学学生调查，"上课、实验"时间的平均值大约是 15 个小时。就整体倾向而言，东京大学学生上课的时间似乎很长。另外，关于"上课、实验的预习、复习"时间，填写"1~5 小时"的比例最高，为 43%；其次是"6~10 小时"，约占 26%。该项目的普林斯顿大学学生的平均值超过 38 小时，与其相比，差距显而易见。

同普林斯顿大学相比，东京大学的特点是，花在课堂和实验上的时间更多，而花在课外作业上的时间更少，并且在诸如资格考试的准备等与课程无关的学习上也花费一定的时间（人文和理工科学生平均花费 5 个小时左右）。

像东京大学这样，预习和复习时间因所选科目数量多而不能得到充分保证的情况下，就只能做到在上课时"熟练应付"一下，这绝不能说是学习效率很高。如果想要真的锤炼学生的话，好的做法是去效仿普林斯顿大学，减少学分数要求以使学生增加对每门课程的时间精力投入，从而提高学习效率。

既潇洒又踏实的东京大学学生

在普林斯顿大学，有时会看到一些没有认真构思结构的报告和基本论点不明确的小论文。在东京大学也不能说没有这样的论文报告。即使是在近 20 倍的淘汰率的竞争中取胜的学生中，在像英文写作那样的基础学力上，让人瞠目结舌地感到"啊？"的学生也确实不少见。这里所说的"基础学力"是指具备阅读、写作的基本技能，把握课题的要点并提出自己的解决方案的能力。

为何学力会如此不均呢？如前所述，只有成绩突出的学生才能进入美国顶级大学。但是，即使很重要的 SAT（美国高考）考试成绩（绩点）都同样是满分的情况下，几乎没有大学升学者的高中和升学学校密集的高中之间有很大的差距。对于以体育特招生名额适当降格录取的学生来说尤其如此。在给人的印象中，学生的基本学力的参差不齐，能干与不能干的学生之间的巨大差异，也是美国顶级大学的特点。

美国顶级大学的"能干"学生，总觉得在某方面还有发展潜力，就像高性能的保时捷轿车在以每小时40公里速度慢慢行驶着那样。这些学生好奇心强，并且有能力敏锐地提出问题，即使是老师布置的作业，也当作自己所面临的挑战而积极主动去完成。另外，不能干的学生总体上讲学习热情不高，参加课程小组讨论时也基本不发言。对于布置的作业课题，虽然也总能完成，但是缺乏基本的作文（写作）能力或者多半没有透彻地理解课题。

东京大学的学生是仅仅根据学力选拔出来的，因此在基础学习能力上处于相同水平。即使从我的执教实际感受来讲，东京大学学生的学习干劲程度也是相当不均，但是给人的印象却是，在基础学力这点上很扎实，在完成所给予的课题作业时扣分也很少。

举个例子吧。2015年的秋天，我以东京大学的本科一、二年级学生为对象，开设了"日本的ODA（政府开发援助）应该怎样实施"的课程。这并不是必修科目，而且上课时间也在晚上，但是仍聚集了5名很有干劲的学生一起上课。从相关文献资料的收集和发表到最终报告的整理定稿，都给人留下了学力坚实的印象。

然而，也有些遗憾的地方。我故意表达出极力赞成日本的援助应该用于谋求地球利益和世界利益的观点，有意刺激学生进行激烈争论。学生们虽然强烈反对我这一理想的主张，可是他们只是站在保守的立场上进行反驳。当我特意地表达出挑衅性的想法时，令我意外的是很多学生只是像成熟大人那样做出保守的反应，只说出诸如"因为有既存省厅（日本中央政府部委厅局部门——译者注）的抵抗，所以很难实现吧"等类似的意见。在课堂上没有出现试图从别的观点来进行挑战而具有胜负精神的学生，这让人感到很遗憾。

与此相对，当在普林斯顿大学进行小组讨论时，虽然也有极少数沉默寡言的学生，但其中约有一半学生是非常激进而积极发言的。有些学生的发言只是按自己的方法重述了课题的要点而已，但偶然也有学生的发言越过文献资料的范围，从个人的兴趣出发一下子扩展和深化了主题。

只要看他们的眼睛，就会明显地感觉到，他们实质上对主题很关心并认为主题"很有趣"。我不认为东京大学没有这样的学生，甚至我感觉一般说来似乎有很多更"酷"的学生。也许不善表现，这也是受讨厌在集体中突出个人的日本文化的熏陶所致吧？

之所以能感受到东京大学的基础学力之高，是因为还没有遇到过"这个学生好像学习很困难""这个学生好像需要特殊帮助"等情况。但是，这与是否具有美国顶级名校高层人才常见的知性爆发力是两码事。如果能够训练和培养东京大学学生的随机应变爆发力和不胆怯态度的话，那么他们将会成为在国际社会中有足够竞争力的人才。

如何看待学生的话题，就此告一段落。接下来，以"教师"的视角来描述一下美国顶级名校的环境。

从讲课教师的角度来看

在普林斯顿大学校园内最大规模的阶梯式教室上课，对于已经习惯讲课的我来说，也是感到非常有压力的。因为我讲的课是附近居民在注册付费后也可以参加的，所以有 10 位左右的年长者也来听课。因为有"学生优先"的原则，他们几乎不和老师说话。但是，我偶尔也会被他们指责"投影资料中拼写错误太多，请好好地重新改改"，或者被表扬"今天的课很好"。反正各种各样的反馈都有。

无论是日语还是英语，在众多听众面前进行精彩的讲课都是很难的。然而一旦意识到这是对一年交纳 500 万日元学费的普林斯顿大学的学生们开讲的课程，我就觉得应该投入很多精力。就算一个学生一年上课取得 10 个课时学分（1 课时学分＝每周约 3 小时共 15 周），那每课时学分的费用大约为 50 万日元。

讲课内容暂且不谈，我经常从同事那里学习讲课技巧。让我负责在大教室里以团队教学形式授课，这对我来说是特别好的事情。团队教学意味着两名老师教一门课程。在 2014

年我有幸获得机会以团队教学的方式给 70 名学生讲课，在 2016 年又同样地给 150 名学生讲课。

多位教员轮流授课的教学方式在日本也很常见。但是，在普林斯顿大学最令我佩服的是，几乎所有的教师都旁听自己负责日以外的其他教师的教学。在日本，不是教师自己的担当日，参加课堂旁听的人就很少。

教室看似是开放的，但出乎意料的是，它其实是封闭的空间，只有在教室里的教师和学生才知道发生了什么。其他教师是怎么上课的，教师不太有机会知道。虽然，其中也有不想让别人知道的教师。但对于还是新来普林斯顿大学的我来说，第一次担任的授课是团队教学形式的，在相互间的讲课内容怎样顺畅地衔接方面以及在教学方法上，都是从其他教员那里学习的好机会。

譬如，投影用的幻灯片的制作方法、一节课应该讲解的内容分配量、让学生专心听讲的技巧、自己的语气音调和说话的速度，以及怎样激发学生们在大教室中开展讨论等，这些对于提高自己的讲课技巧都有很大的参考价值。

通过执教学到的东西

即便如此，对于教师来说，怎样讲出令人很满意的课是永恒的课题。对我来说，准备适当的带有幽默的小故事（日本人并不擅长自然地把笑话说出来），说明授课目的，讲解和分析内容，最后进行总结。在日本上课，大体上也是这个方式。但是，如果用英语讲课，对讲话技巧没有信心，那么放到幻灯片上的文字数就会增多。万一在语言不通畅时，只要能阅读幻灯片，总还能过得去，这样就感觉比较"保险"。

但是一起教课的美国教授们的幻灯片上的字数非常少。特别是那位一起讲授"环境学"课程的生态保护学专业的教授更是演讲大师。只要有一张猫头鹰的照片，就能把它作为话题，要讲多少就能讲多少。虽然有时候也会有听讲人想提问说"你到底想说什么呀?"，但是，对其"能主导场面"的能力，我很羡慕。

英语不是我的母语，所以每周备课时唯恐准备不足而总是绞尽脑汁。虽然我不想用照本宣科的枯燥方式讲课，但我还没有仅仅靠幻灯片中的关键词就能衔接话题的说话能力。结果，幻灯片中的文字内容就变多了。

在某堂课上，因为与擅长演讲的搭档教授相比，我的幻灯片文字较多，所以我自嘲似地表明自己讲课能力很低。结果，感到很意外的是，居然有个学生发来这样的邮件:"老师的幻灯片内容写得很详细，在考试复习时，非常有用。请保持这样的风格。"

原来如此，在学生看来，在只给学生看照片讲课的教授的课上，记笔记很难，准备考试也很难。

也许在当初，我总想象出现"活跃的课堂"的场景，而过于热衷于磨炼临场发挥的讲课技巧。可是相反地，如果准备的幻灯片文字内容让学生在考试前点头说"嗯嗯，有用"，这难道不是件好事吗？收到这封电子邮件后，我就稍微释然了。

讨论性课程的优缺点

如前所述，普林斯顿大学课程的特点之一是称之为"precept"的小组讨论课程。这近似于日本的所谓"演习"或"小组讨论会"课程。其最大的差异在于普林斯顿大学在大教室授课的课程也必定有"precept"的小组讨论环节。

在日本，如果不确定"主持人"和"发表者"等角色的话，有时就不能把控场面、引导讨论气氛。而在普林斯顿大学，很多学生不管是否预先阅读了文献，都踊跃发言，基本上没有空歇时间。当然，并不是所有人都很积极发言，和日本一样，既有积极发言的学生，也有不太积极发言的学生。

"日本大学是单向授课型，美国是双向讨论型"——这是两国教学方法给人最单纯直观的印象，而且往往被广泛地认为后者优于前者。

当然，在社会科学学科中，当处理没有单一答案的主题时，例如"什么是平等"或"什么是民主"，在预先大量阅读相关文献的基础上，以辩论的形式相互碰撞是有意义的。让不同意见交流互动，这正是称之为大学的场所应该提供的重要机会。

但是，并非所有内容都适合讨论，有些知识正是通过上课讲解才能更有效率地传达。例如，经济学和统计学等已经形成了严谨体系的学科，可以通过优良的教科书和讲义有效地传授。2017 年 6 月 13 日《东京大学报》刊登了学生采访东京大学法学院院长的访谈记录。

问：大教室里的讲课也被揶揄地称为"沙漠"。为什么不增加互动式课堂呢？

答：在美国，司法判例是司法判定标准的核心，教师根据司法判例向学生提问，激发学生思考的对话型教学也是很有意义的。但是，在以系统化的法律为司法判断标准的法典国家日本，就必须先系统地学习法典整个体系。

原来如此，我也明白了。作为讨论前提的知识共有尚未达成的阶段，即使进行讨论也不会有进展。

当然，即使是适合讨论的题目，如果对于作为前提内容的文献，不做阅读准备，讨论就会变得浅薄，这是显而易见的。关于普林斯顿大学的讨论型课程，事先阅读课题文献、认真准备的学生们抱怨最多的是，"很多学生通过将他人的发言巧妙地连接起来，表现出看似认真阅读过课题文献的样子，假装积极发言而赚取积极参与的好评加分"。令人遗憾的是，即使在普林斯顿大学，也存在着这样的现实问题，即

　　　　　　　　　美日一流大学运营研究

课程的内容被抛在了脑后，讨论形式的"争论"本身却成为目的。

大学成绩和大学排名对
求职有影响

既然如此，美国的学生为什么如此拘泥于成绩呢？这与美国大多数企业录用人才时首先根据大学期间的平均成绩（GPA）来筛选这一现状有关。这与并不太重视大学成绩的日本有很大的不同。

不只是找工作。本科生的成绩也对优秀本科生的热门去处——法学院和商学院的研究生考试录取产生重大影响。学生只要听说大学成绩会影响就业，就足以感到不安。

不仅在成绩上如此，大学品牌效应似乎还对大企业有着巨大的威力。有一本从人类学角度研究华尔街金融街而成为话题的书，就是《清算——华尔街的日常生活》（*Liquidated——An Ethnography of Wall Street*）。这本书是从内部观察了美林和摩根士丹利等一流的投资银行或证券公司而写成的研究类图书，特别生动地叙说着在金融街的"学阀"的威力。据说即使在顶级大学的学生中，有许多投资银行尤其对哈佛大学和普林斯顿大学的毕业生给予优惠待遇。根据其研究结果，华尔街的企业对学生在大学里是否学习了金融几乎不感兴趣，却认为大学的名气很重要。

对于录用的企业来说，金融知识和技能在进公司后可以通过培训来传授。但是，名校出身的学生常见的卓越的领导能力、热情、人际关系技能等无法量化的素养是无法教出来的。正因为如此，比起看学生学了什么，不如看大学牌子来判断更省事。

"授课评价"只是消除学生的
不满和怨气而已吗

由于大学名气和成绩会影响到学生的将来，那就不仅仅是教师给学生们评分。学期一结束，就轮到学生给教师评分了，即"授课评价"。在日本最近有很多大学也在进行授课评价。不过，这在发源地美国的大学是否起到有效的作用呢？

确实，美国的授课评价系统，可以让各个学生写入相当分量的评语。这是个很好的方式，学生必须在看到自己的成绩之前在网页上进行授课评价。也就是说，课堂评价必须在确认自己的成绩之前进行。因此，即使得到不好的成绩，也不能以报复心理再写进不好的课堂评价。

虽说如此，从教师的角度来看，没有教师想被学生讨厌。因此，自然而然地成绩就会有通货膨胀的迹象。另外，由于授课评价是教师评价的一个要素，尤其是需要升职的年轻教师，他们会看学生的脸色上课。

相比之下，成为一名资深教师后，授课评价的意义逐渐减弱。之所以这么说，是因为对改善授课有兴趣的教师原本就获得很高的评价，而对改善授课不感兴趣的教师对评价也不感兴趣。对于已经获得终身聘用的教师，几乎更不在意。实际上，一些教授公开宣称自己不看授课评价。

问题是，授课评价的结果到底是谁在使用，用于什么呢？普林斯顿大学的学生自治会于 2012 年发行的报告书中还真的提到了这个问题。学生们都提出了疑问，所有课程都进行的评价究竟是为了谁而进行的？"原本应该用来改善教学质量的授课评价，难道仅仅是用来让学生们发泄怨气吗?"，这是我在普林斯顿大学接触过的学生的评论。

授课评价的结果，表面上是由教授会组织的头（dean of faculty、系主任或学院院长）来确认。但是，虽说如此，却几乎听不到学生评价差的教师的课因授课评价而改善了。对于评价高的教师，作为表彰，会对其工作的内容和方法进行详细分析。另外，对于评价低的课程，给人的印象是，授课评价的机制未必对改善授课质量有决定性作用。

本来同一个学生就不会再上同一门课，所以学生无法确认讲课是否得到改善。据我的观察，授课评价最有效地发挥着作用的地方是作为学生课程选择的参考资料，而作为使教学方法有问题的教师改善教学方式的工具几乎没有起到作用。

授课评价的另一个问题是，就算它已成为衡量教师性格和个性的"好恶"的指标，但它可能不会有助于衡量"学习"的程度。从教师方面来说，课程到最后才进行的评价，即使有助于改善次年度的教学，也不能及时回馈给那些给予评价的学生们。

从这点上讲，在普林斯顿大学，我认为好的制度是授课的期中回顾总结，即并不是在课程全部结束后的"评估"，而是在学期中的"反馈"。关于作业量以及课程的推进方式等听取学生的大概意见，并根据其主要的建议及时加以改进。这样的一个制度可以对提供反馈意见的学生即时回馈改进的成果。

这里先不讨论多大程度上教员在活用授课评价，是否公开授课评价这件事本身就具有很大影响。因为如果是既向学生公开也向教师公开的话，那就关系到教师在校内的评价了。

本章开头例示的授课评价的评语，在东京大学即使在学校内部也不公开。与此相对，在普林斯顿大学，评价在教员和学生之间都广泛公开。这种差异体现出各个大学在立场观念上的区别。我认为，除去明显的诽谤中伤和人格攻击这样的评价以外，其他内容应该至少在学校内部公开吧。

没有监考人的考场令人惊讶

让人感到惊讶的是，普林斯顿大学在期中和期末考试中都没有监考老师。基于所谓的"荣誉守则（honor code）"而与大学达成的绅士协定，学生在答题纸上写下誓言"我保证这是我自己的答案"。作为教育理念，是鼓励同伴之间的合作的，可是在考试中，如果背叛了基于"荣誉守则"的诚信就会被看成不正当的行为！

"荣誉守则"的制度似乎是从 19 世纪末开始的，旨在保护学生个人的尊严，并证明老师对学生的信赖。监考老师在考试开始的同时退出考场，只有参加考试的学生在场。监考老师考试结束前在别的房间等待，如果学生有问题，也会接受提问。

校园里所有的考试都是在监考人不在场的情况下进行的，难道就没有作弊行为吗？2009 年杂志《每日普林斯顿》（*Daily Princetonian*）进行的调查显示，在调查的回答者中，目击作弊的学生达 85 名，但是据说实际报告此事的只有 4 人。告密作弊这一行为可能会将被告密者逼迫到停学状态。也许，视而不见、放任不管的行为是某种"合作"吧。

我在日本参与的考试，都是在监考老师的"监视"下进行的，所以很难发现有明目张胆的作弊行为。当然，我不是想说以普林斯顿大学为首的美国顶级大学在频繁地发生作弊现象。只是，不难想象看见作弊而又不能向任何人告发的学生的苦恼！正因为这是学生为了成绩竞争激烈的大学，"完全交给学生"这样理想化的伦理规定应该保持到什么程度，似乎还有商榷的余地。

成绩的通货膨胀

在课程结束时，老师的收尾工作是评分和成绩评估。如果有很多学生对自己的成绩很在意，那么在考试期即将来临之前，他们就会来敲教师办公室的门。有以生病为理由提出延期考试的学生，还有提出与就职面试、音乐、体育相关的重要活动安排有冲突等理由的学生。也正是在这期间，学生会提出诸如延长报告提交期限等各种各样的"请求"来。

重视成绩不是坏事，而是认真对待的表现。但是，只拘泥于取得好成绩的学生，在教师看来却是个问题。在普林斯顿大学，学生频繁地询问这样的一些问题："怎样才能取得A"，"自己的报告有没有问题呀？很担心成绩"。在东京大学并非完全没有这样的询问，在升级分科（东京大学特有的制度，即进入三年级时根据以前的成绩来决定以后攻读的专业）中有着拘泥于成绩的学生，这也是事实。但是，如果在普林斯顿大学上课，学期中必然会收到几次这样的询问。比起了解课程的内容而享受学习的乐趣，"取得好成绩"却是学生更关心的事情。

从我的经验来看，太明显地拘泥于成绩的学生并不是最高层次的优秀学生。成绩至上主义的学生是属于第二层次的。本来，学生在禁不住去问教师取得A（优）成绩的方法时，就放弃了自己的思考，这样的学生一定对自己的学习能力感到某种自卑困惑吧。

翻开普林斯顿大学的历史，到 20 世纪 60 年代为止，一般的成绩分布中 A 的比率是 17% 左右。这个比率至 70 年代中期上升到了 30%。与此同时，D（中下）和 F（不及格）的比率下降到 5%，除此之外的很多学生获得 B（良）和 C（中）。这样的"成绩的通货膨胀"在此后也非常明显，20 世纪 90 年代有八成以上的学生拿到了都是 A 和 B 的成绩单。关于这个理由众说纷纭，实际上"学生变得更加努力学习了"的解释似乎根深蒂固。

但是，如果大家都取得了 A 的话，成绩的差别就会几乎消失了，事实上成绩所体现的本来意义就难以被理解。因此，大学各部门采取一些对策，将明确定义成绩 A 和 B 的含意的资料分发给教师，从而限定 A 的授予率，抑制成绩通货膨胀。

在普林斯顿大学校园内，成绩给学生带来的压力超出了想象。每年各大学都实施的学生实际情况调查和问卷调查中，都赤裸裸地报告了由竞争引起的过大压力是如何击垮学生以致产生了许多抑郁症患者的情况。学生为考进大学从高中时代就倾注巨大努力和巨额费用，而考进了大学，精神上又被逼得走投无路，这样的状况，对于日本的顶级大学来说也不是个案。

落后问题和支援体制

对于直到高中都在当地名列前茅而在大学却变得落后的学生来说,这无疑会使他们觉得丢脸。普林斯顿大学为这样的学生建立了各种支援制度。

譬如,会定期给教师发邮件来调查学生的状态:"有没有不能交作业的学生、理解很迟钝的学生?""有没有经常缺课的学生?"等。在东京大学,课堂的信息就只停留在教室里。但是,在普林斯顿大学,这些课堂上的信息在教室外也能被共享,以便对学生提供帮助。从教师的角度来看,照顾问题学生是很重的负担,而这些制度能够大幅度地减轻教师这方面的负担。因此,这些制度受到极大的赞赏。

各个学院都有辅导老师,学生可以向其咨询学习进步的方法。关于论文的构思等问题,写作中心的工作人员可以提供咨询。对怎样查找写论文时所需的资料,图书馆的管理员会提出建议。如果需要数据统计处理的话,专业工作人员也会对计算方法和结果的解释给出参考意见。

其中,紧急情况下可以去求助的还有作为学生生活基地的"宿舍(college)"的"宿舍楼长(dean)"。他们不仅在学习上而且在生活上的所有方面,都可以提供咨询帮助。从这个意义上讲,他们已成为支撑学生校园生活的关键力量。

学生们落后的理由有很多。同时处理"多任务"(多个被给予的课题）的能力是在顶级大学中生存所必需的技能。落后的学生大多没有足够的这种灵活处事能力，从而导致其精神上容易受挫。这些学生的先兆就是突然不来上课了或总是拖延提交作业。

我教过的一个学生，因为母亲生病，觉得自己应该照顾母亲，从而为自己是否应该继续学习的问题一直烦恼，最后不得不退学。他本人想很好地平衡两者，但怎么也赶不上学习进度，错过了所有的提交作业的最后期限。结果，因为没能提交三年级学生必需的三年次论文，他就被迫退学了。

根据我的经验，被逼到这种地步的学生很少见。美国国内大学排行榜的基准之一是6年以内毕业的学生的毕业率。顶级名校的毕业率大约在95%左右，但实际上中等以下的大学，中途退学率大幅上升。排名靠前的顶级大学会作出全面的努力来千方百计地支援学生，以使他们能够顺利毕业。虽说"毕业轻松"的说法有些言过其实，但至少校方应该尽可能地支援学生顺利毕业，甚至偶尔有放松要求也要把学生正常地送出校门的压力，这也是无法否认的。

像这样，"在美国入学容易而毕业难"的传说，针对顶级名校来说，给人的印象正好相反。

少数派学生的悲哀

顶级大学的学生学习落后的话，可能不仅仅是个人能力的问题。根据调查，大学里少数派人种（黑人和西班牙裔等）的学生或低收入阶层的学生的学习落后现象更为明显。与在重视升学率的高中就接受训练的学生们相比，作为家族内第一个升入大学而被称为第一代家庭的学生们尤其在大学生活适应性方面更费力些。他们一开始就承受着父母寄予的厚望，此外，为了填补仅靠奖学金无法完全维持的各种费用开支，他们不得不在学生食堂等场所打工赚钱。

随着奖学金的充实增加，在校园里少数种族的学生也成比例增加了。但是，对他们的"舒适度"的实况调查是最近才开始的。

入学后马上住进宿舍必需的物品费（寝具、个人电脑等）等很多费用并不在奖学金支付范围。或者，和同学"交往"所必需的社交活动的"社交费"也同样不在奖学金的覆盖范围。低收入家庭出身的学生，为了这些不被奖学金所资助的开支，刚一入学就要借债。

不直接伤害学生自尊心的生活必需品的费用，这些学生还能勉强应付过去。问题是"社交费"的负担。如果你付不起这笔费用，就无法顺利自然地融入朋友、同学的社交圈子。

就普林斯顿大学而言，除了作为生活据点的宿舍外，大多数学生都属于多个"饮食俱乐部（eating club）"（如图2-6），这些俱乐部通过用餐成为社交场所。这类"饮食俱乐部"已成为学生地位的象征，是历史悠久而与大学分离的独立运营的组织。

图 2-6　普林斯顿大学的"饮食俱乐部（Eating club）"
　　　　之一的"奇雅塔俱乐部"（Charter Club）

　　知名的俱乐部基于自身的传统来选择会员，因此，除了
学费以外，还需要缴纳高额的会员费（约 70 万~120 万日
元），所以来自贫困家庭的学生很难进入。因为普林斯顿大
学的学生都忙于学习，用餐几乎是唯一的娱乐和社交场合，
所以学生从不能加入俱乐部那刻起，就可能被孤立起来了。

　　第 1 章中介绍过的奖学金制度的完善之处在于广泛地照
顾到大学入学的各个层面的学生，这点是可以给予好评的。
但进入大学后，各阶层的学生是否感到"舒适"则是完全不
同的另一个问题。

　　在日本，虽然像美国这样的人种差异可能很小，但是经济
差距却正在逐年扩大而渐渐地产生影响。只有经济上多少还有
些宽裕的某些学生才能申请暑假的无薪实习。即使在日本也

有些学生在交友费和课本费方面遇到困难。然而，美国顶级大学有很多特别富裕阶层的学生，这点和日本有很大不同。

师生之间的距离

说到美国大学，日本人根深蒂固的印象是：教师友善、可与学生亲切交谈、讲课热心而幽默。美国大学有很多友善和蔼的教师，这确实是事实。但是，一般而言，其师生之间的距离比日本的更大，这是我的真实感受。

使我产生这样想法的契机有两件事。第一件事是发生在要求学生提交推荐信的时候。近几年，我策划并组织了带领普林斯顿大学的学生赴日本东北受灾地巡回考察的夏令营活动，并且要求参加的学生提交教师的推荐信。实际上，从教授或副教授那里拿到推荐信的学生极少，推荐信大部分来自教语言的老师和写作中心的工作人员。教授和副教授忙于研究，尤其是不会认真对待本科生的情况，学生们都知道，也就不敢去接近他们。

另一个契机是普林斯顿大学的一项传统活动即"教师晚餐会"。这是学生邀请自己喜欢的老师共进晚餐的活动。幸运的是，在过去四年中，我两次都被邀请参加了。令我印象深刻的是，来聚会的多数都是讲师，尤其写作顾问辅导教师或者教语言的讲师等，并不一定是"教授"。

强调本科教育的普林斯顿大学可能算是情况好的了。根据 2005 年在美国顶级名校进行的一次本科学生满意度调查，哈佛大学的满意度很低，为第 27 位。主要原因是教师直接向本科生授课的机会很少，而且大多数课程都"外包"给了研究生和博士研究员（特别是所谓博士后即签 1~2 年合同的研究员）。比起教学更注重研究，这是顶级名校的普遍趋势。

当然，师生之间的距离会受到本科教学部门规模的很大影响。在学生中不太有人气的学院和专业中，因为规模很小，学生与教师的距离也肯定更近些。但是，在我所属的普林斯顿大学的公共政策学院，学生经常抱怨"不能和教师见面"或"得不到对论文的评价意见"等。经济学部和公共政策学部的教师，除了大学以外的工作，还有较多兼职，诸如担任政府机关的委员和顾问。这种情况下与学生接触的机会也就会减少吧。

说到这里，我想起以前在哈佛大学的公共政策研究生院（肯尼迪学院）留学时的情景。曾看到过的印有"应该去肯尼迪学院的 10 个理由"文字的 T 恤。那里写着"即使在大学里见不到教师，也能在电视上见到"这样带有讽刺意味的话。

以前一直没太意识到，与美国顶级名校的情况相比较，日本大学的"小组研讨会"制度就像一家人一样聚集在一起，创造出了教师和学生之间人际关系的独特"学习"空间。

在日本，教师和学生的距离也有着各种各样的情况。不过，在师生交流的活动中，比如研讨会集训和聚餐会等，许多教师是无报酬（在多数场合，教师还承担了学生的费用，这个意义上讲反而是"付费"）参加的。日本教师所提供的这类"加班服务"绝对不会在工资上反映出来，但对学生来说可能具有重大意义。我在美国执教以后才认识到这点。

2015 年在东京大学为本科生开设的英语课程"发展与环境"的最后一堂课上，我问了大约 30 名留学生这样的问题：来到日本的大学最让你感到惊讶的事情是什么？令人意外的是，来自北欧和南美的学生回答说"与老师的距离很近"。

美国大学有被称为"办公室接待时间"的制度，就是事先公开告知学生可以去研究室找老师商谈的时间。但仔细想想，必须依赖这种制度本身，不就是教师和学生之间存在距离的证据吗？

也就是说，所谓办公室接待时间，就是将教师绑在研究室而好让学生来见面的强制措施，如果没有这种措施，教师就有可能不积极地和学生接触。从学生的角度来看，最好能随时轻松地到老师的办公室溜达呢（我想从老师的角度来看并不总是随时都欢迎学生来的）。

与学生的接触方式在日美两国也都因人而异。在日本也有热衷于研讨会、频繁地进行合宿集训或聚餐会的教员，也有毫无兴趣这样做的教员，这是事实。但是，我感觉在日本，教师更热心地为学生提供不计报酬的服务。

成绩至上主义的弊病

大多数日本人都深信不疑"美国的精英富有创新精神而且洋溢着自信"。确实，美国顶级大学的校园里也有很多如其想象的那样的美国人。貌似校队的体育明星那样个个身材高大的学生们，自信满满地耸动着肩膀，昂首挺胸地阔步走在校园里。

然而，我在课堂上经常看到一些似乎缺乏自信且感到不安的学生。据说，每当一门课结束时，由于互相告诉对方考试成绩是禁忌，他们就会产生"除自己外其他学生肯定都得到成绩 A"的幻想而受到打击。

这令人窒息的真相是什么？某个时期来到普林斯顿大学短期留学的法学院出身的 T 同学，通过与东京大学的对比，道出了其中的核心原因。

四年级毕业之际，T 同学在普林斯顿大学逗留了六周，和其他美国学生一样上课。根据 T 同学在课程结束回国之际所写的报告，普林斯顿大学学生"聪明"的背后，是他们会阅读课程要求的大量文献。基于此，他们课堂上就有能力提出富有创造性的问题，从而引导讨论向下一个方向展开。与常常寻求"正确答案"的东京大学学生相比，普林斯顿大学的学生对开放性问题的临机应变能力（瞬间爆发力）更胜一筹。

但是，T 同学得出结论，东京大学在以下方面更好一些。我引用了 T 同学的报告的一部分（因原文是英文，这里我做了翻译）。

普林斯顿大学的学生是尝试自己处理一切并尽量拒绝他人帮助的精英。不可思议的是，对成绩如此执着的他们，反而不像东京大学的学生那样依赖所谓"考前对策"（为应对考试而分发或兜售上课笔记的同学之间的相互扶助）之类的东西。当我有意借笔记本给缺课的同学看时，却被其拒绝，他说："我（因为自己缺课）没有资格看你的笔记。"

但是，随着时间的流逝，我发现普林斯顿大学的学生们在学习中正承受着自立的压力。普林斯顿大学不像东京大学那样是一个有着愉快互助的世界。东京大学在 1~2 年级的时候也存在着升级分科这种竞争，但这是在学生们相互帮助的基础上出现的竞争，"考前对策"也是由时间上有余地的学生以落落大方的心情准备的。在普林斯顿大学的压力有可能迫使学生朝着自己完全独立行事并缺乏对他人的同情心的方向发展。

T 同学的分析很有意思。从教师的立场来说，绝对不可以推荐在复习考试的时候去依赖他人的行为。但是，在这个过程中，如果学生们认识到相互取长补短的价值，并感受到与同伴团结协作的喜悦的话，那么或许就不应该对此墨守成规似地加以否定。

世上有各种各样的能人。有些看起来很强的人也有一定要依赖别人的时候。善于请求他人帮助也是重要的能力之一。

T同学逗留的时间只有6周，在这期间接触到的普林斯顿大学的学生也有限，必须谨慎地得出过于绝对的结论。然而，他却在美国顶级名校推崇的学生"自立"的背后，洞察出了"孤立"这一严重的问题。想必他是感觉到了这些学生们的"自立"危机，即学生们忙碌于各门课程的作业而不能从容地以自己的方式去琢磨课题研究的真正意义。东京大学有学生能这样冷静地分析这些问题，令我感到欣慰。

一门好的课是什么样的呢

那么，好的教学是什么呢？直到快30岁时还是学生的我，在好几所大学上过各种各样的课。其中让我印象深刻的课是什么样的呢？考虑这个问题，我认为有以下共同点。

这样的课堂上，老师不是通过语言讲解研究的结果，而是同时要将其从事的研究工作以及工作中努力的过程结合起来一起分享给学生。

之所以会给人留下深刻的印象，是因为切身感受到了面向答案不确定的研究对象的妙趣，以及致力于解决问题的教师的能量。对我来说，小组"研讨会"确实是那样的场合，我当了教师以后，也想以那样的态度给研讨会注入生命的热情，而且也是那样地实践着的。

换个角度来说的话，就是教师必须在那个时期拥有自己在研究的课题项目。不然的话，就不能给学生们展示新鲜的材料，也不能用具有震撼力的方式讲述如何努力完成课题项目。研究和教学正是内外两面形成一体的关系。

2015年，东京大学的校刊《校内广报》刊登了题为"40年后的授课评价"的颇有意思的随笔。东京大学地震研究所的栗田敬教授，在其随笔中，回忆并比较了自己学生时代选修的对比鲜明的两门课。

其中一门课是面向学生的有趣且易于理解的课程。另一门课是使学生感到困惑且要自己思考的课程。前者具有立竿见影的效果，并且在课堂评价中得分很高。后者给学生留下了难以抹去的持久印象，而随着听课者的成长成熟才能逐渐消化理解其真实含义，也就是说，这门课属于没有历经足够时间就不能评价的课程（一般都会被遗忘）。

哪个课比较好，真不能单纯地判定。一般来说，有趣、容易理解的课比较好。但是，栗田教授的文章的重点是，从讲课中学到什么，多半取决于学生一方的努力。所谓学习，是由教和学的双方的双向奔赴、共同努力而达成的。要说哪一方更重要的话，学习方的主体性在很大程度上起决定性作用。致力于上课通俗易懂讲解的教师是很了不起的。但是，坦率地和学生分享自己研究课题的烦恼，不也是一种教学方式吗？这并不会在当场就引起学生激烈讨论，而是会点燃在少数学生身上的小火焰，给其带来别样的长久的影响。

不要被说话技巧的巧妙和拙劣所困惑，如果没有"自己思考"这一缓慢的过程，任何知识都不能成为学生的血肉。"马上就能派上用场的东西，马上就会没用了"，这句话说得好，最重要的是听了讲课后自己在思考什么。

日本的大学的课程很朴素，也许多数时候我们也都不知道小组讨论会上的闲谈到底有何用处。我承认，事实上很多教师没有足够努力地致力于向学生传达想法或思想。但是，所谓教育，就是经过时间沉淀后才会逐渐地显现价值的事物。

从这个意义上，就不能简单地说，日本式的课堂教学输给了美国"气氛活跃教室"式的课堂教学吧。

第 3 章
"企业化"的美国大学
——决定研究者舒适度的因素

对于想进行创造性研究的研究人员来说，舒适的环境又是怎样的呢？从学校薪水和休假制度的充实等侧面来看，美国顶级大学确实是很优越的。然而，我在美国顶级名校看到的是，大学正在吸收商业元素而渐渐朝企业体制靠近，研究者之间、大学之间的待遇差距日益扩大。

研究不能局限于眼前的流行，而是应该从长期的视野出发，以坚定的态度进行研究。如果是这样的话，商业化的美国顶级大学的现状，我想是不能成为日本顶级大学的范本的。在美国顶级大学，极端优待一部分研究人员，像经营企业那样雇用各个领域的专家，这些商业化的手段带来了大学营运的高成本化。日本应该全面理解研究人员"待遇"的定义，加快以确保研究时间为中心的新研究环境的改革。

日本的大学会像棒球界那样
人才外流吗

2017年4月，一桥大学经济学研究科的年轻经济学者川口康平，从香港的大学得到工资增加至两倍以上的聘用条件后，决定转职过去。这件事在网络上引起了热议。我的朋友中也有因为同样的理由从东京大学转职到香港的人。在亚洲，中国香港和新加坡形成了能够用英语讲课人才的市场。日本的职业棒球和美国的职业棒球大联盟之间所发生的那样的人才流动，也波及了大学的理科和经济学的部分领域。

但是，与铃木一朗（Ichiro Suzuki）离开日本职业棒球进入美国大联盟的时候稍有不同的是，大部分出国的研究人员虽是日本人，却也是拥有海外学位的外国产研究者。在日本的博士课程中取得学位，也就是说"和制（日本制造）"的研究者被猎头挖走的时候，才必须称之为"人才外流"吧。

在今后的时代，有国际竞争力的研究者会不断地流向工资高的地区吗？按说是不会那么简单吧。对于一部分研究者来说，工资只不过是研究环境中的部分条件。然而，这么说，也并不意味着日本研究人员不存在待遇方面的问题。如果对日本的研究环境的问题视而不见的话，日本甚至就难以通过引进外国研究者而积极地促进日本大学的国际化。

那么，原本对于研究者来说理想的研究环境是怎样的呢？

下面一边介绍普林斯顿大学的情况，一边来思考这个问题。

工资是日本国立大学的两倍多

虽然前面说过研究环境不仅仅是工资，但是在工资待遇方面，日本和美国顶级大学之间有多大的差距，还是想认真确认下。美国顶级大学的教授们的薪资到底有多少呢？

在美国的州立大学，根据法令，所有教师的工资都在网上公开。然而，关于哈佛大学和普林斯顿大学等私立的顶级大学，即使公布了薪资的平均值，具体每个人的工资也不会公开。除了负责工资交涉的院长等管理人员，其他人都不知道。

图3-1显示的是近年来美国三大名校及日本东京大学教授的年薪变化情况。

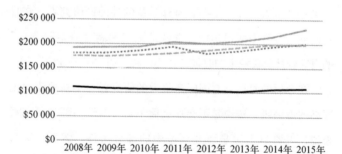

图3-1 美日顶级大学教授的年收入（2008—2015）

注：根据2016年的平均汇率换算。1美元＝108.66日元。
资料来源："The Chronicle of Higher Education""关于国立大学法人东京大学的职员的报酬、工资等"（2008—2015年度）。

美日一流大学运营研究

这些数据来源于发布关于高等教育各种各样信息的"高等教育编年史（The Chronicle of Higher Education）"网站。虽然只是"平均"，但可以理解为是日本国立大学的两倍左右。而且，在美国，除去暑假，只支付九个月的工资，所以和日本的差距实际更大。成为校长的话，将是以亿（日元）为单位的年收入（顺便说一下，东京大学校长的年收入是2 300万日元左右）。

而且，在不发工资的暑假期间，教授们也在寻找外部资金，赚取额外收入。在大学内部，例如带学生去日本等地进行暑假研修活动的话，也会支付夏季津贴。

除了工资以外，鲜为人知的是子女的教育费补助等补贴。孩子上大学时会负担一半的学费。普林斯顿大学将这个津贴的上限设定在17 000美元（约187万日元）左右。这制度不仅适用于教师，也适用于事务性职员，只要工作5年以上谁都可以享受。美国的多数大学都有类似的制度，但日本的大学没有这样的补助制度。虽然有抚养津贴，但是参照公务员的金额，每人每月只有6 500日元补贴。

报告书《常春藤联盟股份公司》（*IVY LEAGUE*，*INC*）披露了联邦政府补助金有多少流向了有名的私立大学。据该报告书说，2010—2014年的某一年里，有5位普林斯顿大学的教授获得了年收入超过100万美元（约1.1亿日元）的报酬。另外，根据该报告书，属于常春藤联盟之一的宾夕法尼亚大学，过去5年间年收入超过100万美元的教授达到 23 人。

待遇与教学负担之间呈反比

在金钱以外的方面与待遇相关的条件是教学负担。虽然也有非常喜欢上课的教师，但是大部分教授都想限制讲课数量而致力于专心研究。在美国顶级大学，秋季学期和春季学期各都有两门课（每门课按每周约 3 小时，共 15 周算）程度（被称为 2-2）的教学负担。虽然这是标准的上课时间，但是随着招聘教师时各大学竞争的激化，却出现了不仅要增加工资而且还要减少上课负担的情况。

据说，普林斯顿大学原本 2-2 的教学负担将从 2018 年减少到 2-1 的程度。教学和研究的比例会因是否是具备 R1 博士课程的研究型大学而有所变化，但不能否认减轻教学负担会促进教师的"待遇改善"，从而有利于争夺外部人才。然而，因为负责的课时减少了而学生的数量并没减少，所以必须增加每个上课班级的平均选修人数。对于教学负担减轻的教师来说，改善待遇会使教师和学生之间的距离进一步拉开，这对学生来说是不利的。

在这里，不能忽视的一点是，身份不稳定的兼职讲师和博士后研究人员（博士后）与在人才竞争中胜出的权威教授之间存在着相互依存关系。那是因为，教授越是忙碌，就越有可能向特聘兼职讲师或博士后外包讲课任务，从而使他们获得教学经验的机会也就越多。

即使是提出"重视本科教学"、以教师和学生的近距离交流为卖点的普林斯顿大学，也存在不少"外包"的问题。在 2017 年，大学当局为了限制教授把教学工作"外包"给博士后研究人员或在读研究生，制定了"50% 的课程必须由教授本人上课"的指导方针。这一指导方针的存在本身就证明了"外包"现象的普遍存在。我在看到这个指导方针的时候，就怀疑这个前提："那么，如果是 50% 的话，就是说，另外 50% 的课就可堂堂正正地交给兼职讲师或博士后去上吗？"

确实有热心上课的教师。但是，越是必须积累研究业绩的年轻人，越应该尽量避免上课的负担。教学和研究应该是一辆车的两轮，但现实中评价偏重于研究方面，因此教学在大学内越来越被委托外包给根基较弱的研究生和博士后研究者。

美国的知名大学也无奈，因为人才争夺竞争激烈，只能对这种状况视而不见。为了召集权威教授，在有些情况下，就不得不尽可能减轻其教学负担。

跳槽时的交涉要点

大学的研究人员虽是属于组织，但实际上是个体经营者。特别是文科专业的研究者，研究活动基本上都是一个人进行，所以谁都想置身于最适合开展研究的地方。在被称为"跳槽大国"的美国，研究人员一生中一般要去三四所不同的大学。每次研究人员都会交涉待遇，去条件更好的地方工作。

研究人员最初经历"跳槽"是从大学研究生院毕业后作为助教（assistant professor）就业的时候。"The Professor Is In"（http://theprofessorisin.com）是指导美国教师进行工资交涉的网站，网站中列举了以下具体的交涉要点。

（1）有无到任补贴或额外工资；

（2）第1年教学责任的免除；

（3）到任后数年内的长期休假的保证；

（4）电脑、软件等设备的提供；

（5）学会的参加费的补贴；

（6）寻找房子时的旅费补贴；

（7）搬家费用的补贴；

（8）夏季补贴；

（9）确保提供给配偶的职位（配偶也是研究者的情况下）；

（10）获得终身教职的保证（前职位处于就要取得终身教职之前的情况）。

这个清单告知我们，教师的"待遇"不仅仅是工资。从日本人的角度来看，这些要求会让人感觉有一点过分了。但这就是美国式的，一切取决于谈判和交涉。如果自己沉默而不说出要求的话，期望是不会被人满足的。

如果是实验系的研究人员的话，除了这个清单之外，还可能要求配备研究人员或实验设施。如果是教授级别的话，就可以进一步扩大交涉范围，比如要求房租补助或帮还部分房屋贷款等。

本来，这个谈判清单是针对已经决定了转职的人的项目。在决定动身之前，还要从孩子的教育环境、地区治安、物价和购物便利等角度来全面讨论"舒适度"。

这样交涉后决定转职并到任之后，年度加薪是主要的加薪机会。但如果是有实力的教师，就会有其他大学来挖人，这时就会有很大机会再提高待遇。将其他大学提供的工资待遇出示给所属单位以促其竞争，从而提高工资收入。如果学校想留下自己的话，就请学校提供超过这个金额的工资。美国民营企业人才交流进行的讨价还价在大学也同样地进行着。

什么是转职的决定性因素因人而异。然而，不管优秀人才重视哪方面条件，顶级大学都一直努力地提供完善的条件来吸引并获得优秀人才。正因如此，美国顶级大学教师的研究环境条件一直呈上升趋势。虽然不能保证今后这种倾向还会持续下去，但是与近年几乎没有变化的日本的大学薪资水平相比，其优势很明显。

日薪 80 万日元的惊人待遇

"普林斯顿大学没有'效率'的概念。"

这是普林斯顿大学某事务职员自嘲地说的台词。因为钱很多，所以就没有必须努力节约的压力。

教师的基本待遇自不必说，美国顶级大学在校园生活的各个方面都给人丰富的感觉。我作为客座教授所属的公共政策学院（伍德威尔逊学院），每年三月都会募集策划最长三天的校园活动的项目，旨在邀请在政府机关、民间企业、慈善团体等领域活跃的著名实务家来到校园参加与学生的早餐会和午餐会，或者出席相关主题的课程活动。

虽然那笔经费全部由大学负担，但是对于客人的日津贴金额却令人很惊讶。一天 7 500 美元（约 82.5 万日元）！三天活动的话接近 250 万日元。当然，交通费和住宿费等费用也会另外追加支付。如果能提供这么多补助的话，知名人士大多都可以邀请到。这样一来，大学就能够邀请名人来到校园，从而给学生和教师提供与其接触的机会，我想这真是很幸运的事情。

可是，像这样把邀请嘉宾的费用抬得这么高的话，经费不足的大学是无法竞争的。随着顶级大学邀请嘉宾费用的行情上涨，真正感到头疼的是缺乏资金的大学。日本的大学和学会在邀请著名学者时很艰难的原因之一，我想是这种财源丰富的美国顶级大学把市场行情提高到了难以负担的程度吧。

皮凯蒂的《21 世纪的资本论》指出的大学间的差距

到底从哪里能获取这样巨大的财政资金呢？实际上，美国的顶级大学和民间企业一样获得收益或是更稳定的收益。收益最大的来源是，聚集历年捐款的、被称为"endowment"的基金。但是美国顶级大学不是营利团体，所以不能积攒收益，必须拿出利润用于教师、工作人员以及设施建设等。像有一位教授说出来的那样，这里已经存在一个将基金规模与工资增长相连的密切闭环。

凭借《21世纪的资本论》（*Capital in the twenty-first century*）这本书一跃成名的托马斯·皮凯蒂，在其厚厚的著作中有部分内容是关于大学的资产分析。正如本书的"引言"中所述，有实力的大学的资产规模巨大，其总金额已经超过了小国家的GDP。而且，过去20年的平均年收益率为10%，这很令人惊异。

皮凯蒂指出，即使扣除经济变动及其他条件，大学的资产从1980年到2010年平均以8.2%的利率在增加收益，随资产增大，其增加率也越来越高。

根据皮凯蒂的说法，诸如哈佛大学和普林斯顿大学等财源丰富的大学，其创收速度是其他财源不丰富大学的2倍。投资额大的大学理所当然有更高的收入，然而，不应忽视的是，在美国，大学资产规模的大小顺序和大学排行榜的排名顺序几乎完全一致。

在日本，总资产的大小和研究、教学的质量之间没有明确的相关性。但是，在美国，财富和排名的关联性很明显。缺乏财源的大学在构造上无论如何也赶不上有财力的大学。

不仅如此，其差距还在不断扩大。

美国研究人员的就业难也很严重

在美国，像普林斯顿大学那样幸运的大学，也只是极少数的一部分。另外，能进入这类大学的人也是极少数在竞争中胜出的研究者。在这背后不能忽视的是，即使取得博士学位也无法在大学就职的人数不胜数。相对于大量生产的博士学位数量，大学的教师职位非常少。

据美国国立科学财团（NSF）称，近年来的博士学位一年授予5万人以上，而授予后马上能确保就业的人只不过六成左右。75%的博士学位是对就业有利的工科专业，所以文科博士的就业率就更低了。即使在顶级大学，博士生的情况也很相似或相近，和其本科毕业生有着良好就业前景的情况形成鲜明对比。

取得博士学位后，如果能拿到1~2年合同的博士后的职位还真是不错的。因为至少在这期间，能有时间把博士论文作为专著出版。特别是在人文专业，出版第一本书是与就业直接关联的决定性的一步。

即使运气很好能担任教职，不与今后终身教职挂钩的有任期的职位却在急剧增加。在美国顶级大学，有很多没有终生雇用资格的"讲师（lecturer）"在担任语言指导、写作指导等职务。其中有多数都长年停留在讲师的身份上，没有机会登上助理教授、副教授的晋升阶梯。

他们大部分没有终生雇用职位，但都是已经取得了博士学位的优秀研究者，拿着相当于教授的三分之一左右的工资，负责很多课程，实际支撑着大学教育系统的脊梁。

担任讲师的人，如果有长期雇用资格的话，还算是可以的。但是，根据美国大学教授协会（AAUP）的数据，全美大学的教师中有七成以上是没有长期雇用资格而是有任期的。在以哈佛大学为首的顶级大学，50%以上的教师都有任期，或者是处于兼职讲师的地位。即便是兼职讲师，在待遇上，不同的大学也有差距，一学期一门课程的支付酬金约在3 000美金至9 000美金（约33万日元至99万日元）之间。如果是在纽约或芝加哥等城市，同时在几所大学兼职还可以勉强应付。可是如果在大学较少的偏远小城镇工作，兼职讲师仅靠一个月10万日元左右的兼职收入是难以维持生计的。

大学的"企业化"

增加有任期的教师到底有什么问题呢？站在有任期的教师角度来看，他们甚至为生计感到不安。因为不知道自己何时何故会被解雇，所以也不能沉下心来进行研究。而且工资也比终身雇用教师低，相对应地，还必须承担很多课时的教学任务。

语言学家和社会评论家、麻省理工学院名誉教授诺姆·乔姆斯基认为，创造身份不稳定的劳动者是不可明言的经济管理的秘诀。正因为其身份不稳定，他们就不会相互团结起来而激进地要求加薪或诉诸威胁秩序的罢工，因此这对管理层来说是很有利的存在。

乔姆斯基这样说，与企业雇用非正式员工的理论完全相同，大学也通过雇用很多非正式职员、身份不稳定的兼职讲师来削减经费，并控制其不会产生组织性抵抗。大学正在"企业化"。

相当于日本的"公立"大学的加利福尼亚著名州立大学的收入显示了美国大学的企业化正在急速发展。作为顶级大学之一的加利福尼亚大学伯克利分校，被指出，学费收入占总收入的比例约为三成，联邦政府和基于州税的补助金只不过是两成多。剩下的全部都是民间的补助金和捐款。虽然标榜着"州立"，但其年收入的很大部分却是依靠民间。这种结构表明了美国的大学民营化正在急速发展。如果依靠税金的话，就无法提供高额的工资报酬，从而难以参与日益激烈的人才争夺的竞争。

原本以获得终身雇用资格为目标的书籍出版活动，也呈现出与企业相似的样子。在人文社会学科领域，是否与权威大学出版社（university press）签订了出版合同，是顶级大学审查终身雇用资格的最低条件。助教出版一本书，副教授出版两本书，像这样一定数量著作的出版和职称的解决基本上是配套的。虽说专家的审阅是匿名进行的，但在研究人员的采用和晋升方面，出版社掌握着巨大的权力，这是美国人文社会学科的一大特征。

在日本，出版商的评级并不严格，书籍数量在招聘和晋升中也并未起着决定性的作用。美国那样的做法既有好的一面也有坏的一面。其想法的合理之处在于，与其由大学的委员会进行内部审查，还不如外部出版社的规划委员会在遴选基础上进行评估更加公平些。

出版业绩的评价确实是一个指标。但是，对于录用和升职这一大学人事安排来说，将决定性的部分半委托给外部出版社的机制，是否真的合适还有待讨论。校内的人事委员会有必要在自己内部培养对人员评价的鉴识能力，例如，如何评价没有出版业绩的年轻人的未来可能性，建立起包括这一点在内的对人事负责的体制。

"薪资倒挂"的世界

如果说公司职员的业绩是销售额的话，大学里研究人员的业绩就是论文的发表和著作的出版。提高业绩的学者会受到表扬，没有业绩的学者即使没有减薪的风险，在学问的世界里也会被抛弃在后面。在美国，这个竞争的结果直接反映在待遇上。如果把大学当作一个企业来考虑的话，那就完全不奇怪了。

就像在公司里有工薪族职员通过猎头多次跳槽一样，大学里也有研究人员在提高工资的同时反复转职。因为有被邀请的情况，跳槽转职是可以做到的，并且是能力的证明。因此，经常跳槽的研究人员和不能跳槽的研究人员之间也就产生更大的差距。

这样的话，特别是本校资深教授和新入职的年轻教师之间的工资差距会缩小，这被称为"薪资倒挂"。既然是从外部招聘，就不与年龄和教育经历挂钩，都必须给出好的条件。新入职年轻教员远远超过了现有老教师的年收入水平的情况经常出现。一方面要做到不引起资深教授不满，另一方面必须以高薪招聘杰出的年轻人，这可以说是顶级大学人事上最大的挑战吧。

就私立大学而言，除非是学院院长，否则你无法确切地知道同事的薪水。这样有助于抑制围绕待遇产生的嫉妒。就东京大学的情况而言，虽不是像美国州立大学那样以个人名字公布工资，但可以从职位和工作年数中推断出大致数额，同一职位的工资差距不可能超过 1.5 倍。如果是美国顶级大学的话，就有多则两倍以上的差距。

绩效主义的结果

在美国教师间贫富差距扩大的原因之一，是围绕极少数权威教授展开的争夺人才的拉锯战使得工资水准被提高了。

在这个情况下的判断基准是"研究业绩",而不是"教学实绩"。研究的成果通过出版物可以广泛地可视化,而教学的成果原则上只停留在教室内部(也许网课等会改变这个风潮)。现在人才流动所带来的研究环境的升级,不仅仅带来个人待遇改善这一正面的效果,也会带来教学被置后的负面效应,所以是一把双刃剑。

将研究成果定为录用最重要基准的习惯做法导致了适得其反的结果,这方面的一个实例,就是迈克尔·拉库亚(Michael Lacoa)的论文捏造事件。2014 年,他还是加利福尼亚大学(洛杉矶分校)政治学院的博士生,以共著者的名义在一流科学杂志《科学》上,发表了关于如何改变普通人关于同性婚姻意识的具有刺激性的论文。由于当时关于同性婚姻的争论在美国非常激烈,他仅用这篇论文就迅速登上了权威学者的地位。然而,后来,由于人们对其论文的真实性产生怀疑,其合著者也提出了撤回的请求,拉库亚的声誉就随之像滚下斜坡似地快速下降。最终发现,不仅他的论文所用的数据,而且他的"履历"的许多信息都是捏造的。结果,普林斯顿大学取消了为他准备的助理教授的内定职位,他的明星之路被阻断了。这一事件突出表明,仅基于研究成果进行人力资源管理是危险的。

研究容易被认为评价起来较简单,是因为与教学相比,有一些客观的指标,例如计算论文数量和查看期刊的评级。确实,对教学成就或教师本人是很难评价的,但著作和论文是可以拿在手上确认的。然而，当学科的专业性越来越精细和深入时，评估的成本越来越高，因此，比起根据内容，往往更倾向于通过表面因素来决定评价。

包括东京大学在内，日本顶级大学也开始出现了学术不端的问题。之所以这样也可能是因为围绕"业绩"的竞争日益激烈的原因吧。从这个意义上来说，业绩评价的扭曲并不是美国特有的事情。

纵观美国顶级大学的现状，我们发现有这样的倾向，从这些少数顶级大学获得学位的研究生们可以说是"学术超人"，他们往往争夺走了大部分的助理教授职位。有人指出，在拉库亚所属的政治学领域，排名前11位的名校毕业生垄断了50%的政治学的职位。也就是说，剩下的100多所大学的研究生们会去竞争剩下的50%的工作岗位。

在美国顶级大学所看到的过度竞争是否导致了对研究内容本身的忽视呢？这似乎也是追随美国的日本应该反省的问题。

日本式的论资排辈是不好的传统吗

在实力主义的美国，经常会有20多岁时就晋升到教授的例子。在日本，还没有听说过20多岁就当教授的人，我想即使有，在我所属的人文社会科学领域还没有先例。

日本也应该采用美国式的实力主义吗？美国的机制的确

是有令人羡慕的一面。能力强的年轻人，一眨眼就能登上明星教授宝座，这确实很有魅力。但是我觉得美国式的实力主义从长期来看是日本社会无法模仿的，更是不应该模仿的。而且，我还逐渐地意识到，由于因循守旧而受到指责的日本晋升制度其实也并不坏。

比如"论资排辈"。先不说以入职年份来作为评价资历的中央政府部门的情况，就说应该以"研究业绩"来说话的大学里，也普遍存在论资排辈的现象。如果说这是不可思议的，那确实就是令人不可思议。

当然，在日本也有根据业绩和职位空缺决定晋升快慢的情况。另外，据说近年来也有些大学，在与欧美竞争的过程中，采用灵活的报酬制度。主要是自然科学领域，而且是利用国家文部科学省的补助金。但是，其基本制度设计还是基于论资排辈，这点上没有改变。

直到最近，我也一直认为日本的论资排辈方式是不好的传统。不管有没有业绩，不到一定年龄就不能当教授的话，年轻人就没有干劲了。

但是，大学的作用并不只是发掘和培育能让人类智慧大幅度进步的罕见天才。我认为，大学是一个组织，可让各种类型的人相遇。有难出成果的研究者，也有比起研究来对教学贡献更大的学者等，包括学生在内，应该相互激励而产生化学反应。

我尊敬的朋友、东京大学教授冲大干先生在其著作《东京大学教授》中，就对以东京大学为首的日本国立大学的薪酬制度不像美国那样完全"实力"主义的事情进行了辩护。

尽管多少有些弊端，但这种平等主义正是支撑着东京大学至今仍存在的学术自由。也就是说，不管取得了惊人的成果还是没有成果，不管是否可能被世人所认可，在大学里几乎是同样的待遇。正因为这样，才能使他们去尝试自己认为具有重要学术意义的新研究，即使他们不能确信是否会出结果。

关于"多少有些弊端"，是在多大程度上的弊端，根据领域的不同也会有所不同。我的印象是，对本来就与巨额研究经费无缘的文科领域来说弊端非常少。从文科的观点来看，所谓"成果"本身并不是界定得很清晰，所以再稍微竞争激烈一点也是可以的。但是，冲先生是活跃在全球的研究水资源问题的权威专家。通晓世界状况的工科领域的研究者，仍把眼光聚焦在乍看是陈旧老套制度的优点上，这该引起我们的关注和重视。

如果对待遇讨价还价越是厉害的话，教师个人的利害得失就越占优势，而需要长期努力的教学课程计划却会变得不稳定。例如，负责基础科目的教师突然被更换，或者论文的导师在学期中间离开等，诸如这些情况可能频繁发生，因为越是权威教授就越有可能会被邀约而调走。这样的话，正接受其论文指导的学生会哭吧。因此，从对教学的影响来看，教师的稳定性也是很重要的。

比工资更重要的"职场舒适感"

日本的论资排辈制度可以抑制过度竞争意识并优先维持组织内部的和谐。乍一看，好像这是一个过时的制度，与重视个人成就的研究者世界不相容。但是，为了安心研究，职场的舒适感很重要。置身于因待遇差距而充满嫉妒的环境中，能静下心来研究吗？

在终身雇用资格评审中被刷掉的教师在各地提起诉讼，这种纠纷既浪费大量时间又产生巨大压力。虽然任何大学都应该明确审查终身雇用资格的标准主要是出版物的分数，但在美国，这种诉讼的不断发生表明，雇用晋升的标准实际上并不明确。决定舒适感的重要因素在于大学成员是否有"自己被重视"的感觉。如何表现这个"重视"，作为一个组织，除了工资以外应该还有各种各样的方法，大学的领导应该努力追求多样的手段。从这个意义上说，东京大学的五神真总长（校长）的倡议是一项值得关注的重要尝试。他致力于为年轻教师重新争取无任期职位，因为有任期的职位增加致使无任期职位正持续减少。

一些研究人员在论述论资排辈的弊端时，会把年长研究人员的生产力低下作为问题。这是投诉抱怨其没有达到与工资相符的生产成果。然而，被忽视的是那些以此作为仰望目标的年轻研究人员的感受。就目前日本国立大学的工资体系来说，教授和准教授之间的工资差距不到两倍。除非有厌恶被教授拖后腿的想法，否则大多数年轻人对这种程度的工资差距不会有兴趣去关心吧。

对于日本大学来说，更本质的问题是，在以论资排辈为基础的现行制度的延长线上，如何保持和加强国际竞争力。考虑这个问题，我们就必须超越工资多寡之争，以"舒适度"的标准来重新审视大学。此时，有用的做法是，从少数群体或弱者的角度来考察制度的问题所在。

在这里，我想关注女性和年轻人的问题。

教师的性别平衡——
东京大学的完败

日本社会中男尊女卑的风潮在国际上也广受批评。虽然已经得到很大程度改善，但是在东京大学女教师比率低这点上，也仍然明显地体现出这个问题。根据国立大学协会汇总的 2016 年的数据，东京大学的女性教师比例约为 12%，在日本的国立大学中排名第 73 位。特别是在讲师、准教授、教授中，职位越高女性所占的比例越低。尽管如此，在过去的十年间女性教师的比例增加了两倍左右，可以说是一直在做出努力，但是从世界范围来看还有很大的改善余地。

女教师的数量少似乎不仅仅是日本的问题。在美国顶级大学的女教授的比例是两成左右（见图3-2）。这也是最近几年才有所改善的。1980年斯坦福大学教授的女性比例仅为2.7%。

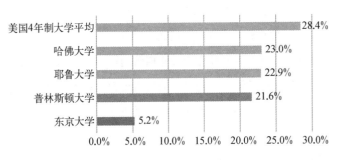

图3-2 女性教授的比例（2013年）

资料来源：《水星报》（The Mercury News）（2016年2月26日）、《东京大学概要》（2013年度版）。

为什么女教师数量很少呢？美国顶级大学在20世纪60年代后半期才开始接受女学生，这事情的影响可能也是有的吧。另外，就我在普林斯顿大学进行采访的范围内，例如，不考虑生孩子、养育孩子、家务负担容易偏向女性这些事实，用与男教师同样基准来进行业绩评价，导致女教师承受更大压力，处于不利的立场，形成了女教师难以工作的环境。或者说，原本决定录用的人事委员会本身也存在被男性支配的情况。即使是同一教授职位，男女之间的工资差距也很大，这种情况被广泛地报道。而且女性在有任期职位和兼职讲师中所占比例也非常高。

尽管如此，美国顶级大学具体是以什么样的方法增加女教师的呢？这对日本来说是一个参考。例如，有一种方法是在新的职位空缺的时候，为了让女性更容易应聘，把数学、工程师等男性较多的领域的优先度降低。另外，据说即使在"美国史"这一领域公开招募，也几乎没有专门研究"南北战争史"的女性研究人员。然而，即使关于同一时代，而主题如果以表演艺术和社会史公开招聘的话，女性应聘者的比例就会压倒性地增大。还有，美国顶级大学并不是把人事完全交给各学院，而是由大学总部进行监察，对照应聘者全体的男女比例和最终的候选人名单中的男女比例，来确认女性是否受到了不利待遇。我想这些在日本也是值得学习借鉴的措施。

不让"青椒"失望

　　和女性教师一样，在教师组织中明显的弱者是没有终身雇用资格的或者尚未获得终身职位（取得博士学位6年左右但尚未获得终身职位的研究者）的年轻教师。在研究的人生中，最具"活力"时期的年轻教师在怎样的研究环境中度过，是左右那个国家研究水平的决定性因素。一定要想办法让优秀的年轻人"保持生机，决不失望"。

　　在"保护年轻人"方面，美国的顶级大学总体上很突出。这并不是指有前途的年轻人的薪水可能高于年长的教授，而是说有个君子协定，不把杂事强加给尚未取得终身职位的年轻研究人员。在美国顶级大学，院长的重要工作就是保护年轻教师免受各种琐事的影响。

然而，掌握着终身雇用资格审查决定权的是教授们，所以年轻教师在获得资格之前，还必须尽量"老实听话"，专心于积累业绩。此外，即使会受惠于研究休假制度和免除运营事物的负担，但还必须与其他教师同等地承担教学任务，而且与终身教职的教师不同，课程评价也会成为晋升的标准，因此在教学上也不能有松懈怠慢。

在美国，不仅限于顶级的大学，因为有终身雇用制度，就没有"退休年龄"的规定，何时退职由自己决定。如何减少高薪资深教授所占"萝卜坑"而为年轻人创造职位，往往成为一个棘手问题，这被认为是终身教职制度的弊端。当然，有很多教师即使是上了年纪，其工作效率也不会降低，所以不能一概而论。尽管多数大学都在改进早期退休制度，并设法制造一种氛围，让生产力下降的教授主动辞职。可是，据说随着经济环境日益不稳定，坚持工作的老教授人数反而在增加。

虽然有着这样的问题，但是要提高年轻人的"舒适度"，美国顶级大学的这种积极姿态，有许多值得学习的地方。在这里，虽然没有篇幅讨论关于残疾教师和少数种族教师的舒适度，但我想在此仅仅指出一点，大学的环境由哪类人员构成，将会特别影响属于少数派群体的人员的舒适度。

美国的人脉关系和"单杆钓鱼"

如何被录用是对少数派不利的第一道难关。如果是有人脉关系的人，可以通过人脉关系介绍而提高获得工作职位的概率。很多人也相信，这种人脉关系和近缘主义只是在包括日本在内的亚洲地区盛行，而在美国没有这种习惯。

因为我在美国没有直接参与过人事方面的工作，所以不能讨论实际状况。如果要举一个例子的话，那就是关于我自己的机缘巧合。我想介绍一下，连美国的博士学位都没有的我为什么能拿到普林斯顿大学的职位。

无论是日本还是美国，既然必须在教授会议上说明研究业绩，那么公然地使用人脉关系恐怕是不可能的。但是，根据市场的不同，还有很多场合，人脉关系是可以很好地起到作用的。例如，兼职讲师的职位很少公开招聘，大部分是通过"熟人"的口碑介绍的。

其实，我第一次在普林斯顿大学获得客座教师的身份就是托"熟人介绍"的福。我长女的好朋友，是后来雇用我的普林斯顿大学公共政策学院负责人事的副院长的女儿。这是一次偶然的机会，女儿们的集体生日聚会在这位副院长家举行。我带上了自己的简历和编著的一本英文书。虽然觉得自己脸皮很厚，却还是开口请求说："可否让我在普林斯顿大学讲课呢？"

人脉可能在无意间就建立起来了。这位副院长亲切地把我的简历转给他的同事，而有一位教授对副院长的介绍作出了积极反应。这位教授在我递给他们的那本著作里，看到了他以前学生的名字。"如果是在和那个孩子一起工作的人，那就可以呀。"后来我被告知，就是这么一句话，事情就定了下来。就这样，我的客座教授的职位通过我女儿的人脉关系，很快就确定了。

说到"人脉关系"，听起来有不太好的感觉，但是，单靠书面形式无法了解的正面信息，如果有介绍的话就会更有利，这种利用关系的想法也是理所当然的。特别是近几年的大学专业性越来越细，即使在同一个学院里，也不知道旁边的人在干什么。在这种时候，领域相近的专家能帮忙说句"我知道他/她能做到"等等，类似担保的话，作用会越来越大吧。论文和著作的实际成果当然是必要的。就我的例子而论，也正好碰巧遇上相关领域的教师短缺的情况。然而，最终能够靠得住的，无论是日本还是美国，都可以说是人脉关系。

从形式上看美国的人事安排，印象最深的是学生的参与。人事面试大多是花一天时间进行的，比如举办应聘者和本科生一起的早餐会、和研究生一起的午餐会，人事委员会听取学生对应聘者的印象。在教学意义上成为"顾客"的学生们有机会在教师人事上发表意见，我想这也是日本应该学习的一点。

然而，包括东京大学在内的很多大学，至今仍存在不采取公开招聘而是沿用"单杆钓鱼"的人事制度的情况。这一制度不是从应聘者中选出最好的人，而是"自作主张地"选择整个专业领域最好的人，在选择决定后再去试探交涉。

大约自 2000 年代的前半期开始，日本教师的招聘逐渐转向公开招聘制度，单杆钓鱼的人事制度逐渐地被看成是守旧落后的习惯。当然，在雇用年轻教师时，因为不知道在何处有怎样的人，所以需要让符合条件的人自主应聘。国际公开招聘的情况也一样，因为不知道合适的人才在哪里，所以公开招聘是有效的。但是，公开招聘制度自然带有只能从应聘者中选择的局限。在应聘者中找不到合适的人，最终放弃招聘也是常有的事。

在美国，校长和教务处长（provost）等董事、高管级别的职位以及极少数的教授职位会有单杆钓鱼方式的人事安排，但一般都是公开招聘方式。然而，虽说是"公开招聘"，但人事委员会也经常会向目标人士打招呼并表示"请应聘"的意思。另外，在教师人事方面，来自同一领域的同事或前辈教师的推荐也会有很大的影响，所以，是否有可以拜托帮写推荐信的研究者朋友是很重要的。这要说是人脉关系也算是人脉关系，要说是实力也就是实力吧。

无论是在美国还是日本，与适当的人保持联系很重要，这一点可以说是共通的。日本是人脉关系社会而美国是公正竞争社会，这种简单的判断是不恰当的。无论在哪个文化，人脉关系都很重要，人在社会关系网中的"好评"也是其实力的一部分。

东京大学教授的研究时间正在减少

到此为止，话题集中于以工资为中心的待遇问题，然而，待遇和研究成果并不一定成比例。虽然杰出的研究成果可能会带来良好的待遇，但是反过来，即使是良好的待遇，也不一定会带来良好的研究成果。然而，在被教学或者其他委员会的事务缠身的环境下，不能期待有好的研究成果。为了完成良好的研究，时间的使用成为一个至关重要的问题。

和美国的顶级大学相比，感觉日本大学的老师太忙了。原因有很多吧。例如，我认为，伴随着少子高龄化导致招生竞争激化而出现的高中巡回宣传活动、伴随着文科省削减大学运营费而产生的争取外部资金的业务活动等，无论对哪个大学而言都同样地越来越频繁。

值得庆幸的是，东京大学的教师可以从其他大学不可缺少的招生宣传为主的部分杂事中解脱出来而获得较多自由支配时间。但是，至今为止，教师还是在入学考试相关事务上有很大的负担。因为入学考试是大学的重要活动，所以可能会有反对意见，认为与之相关的工作不该被看成是"杂事"。然而，既不是研究也不是教学的入学考试事务，在我看来，原则上是应该"外包"的工作。在普林斯顿大学的经历使我更强烈地感受到了这一点。

在比较日本和美国的教师们的研究环境方面，入学考试事务的存在与否有很大的不同。直到我成为东京大学的教师，我才知道高考的监考是由大学教师负责。令人同情的是，面临退休的大名鼎鼎的老师也经常不得不出来监考。早上8点在考场集合，分秒不差地对好钟表，把监考条带佩戴在胸前，然后喝杯茶。

在一月末，大学校舍不管哪里都很冷。"但愿不会出现可疑行为的考生""但愿器材等能正常运作"，监考的老师们就这样一边祈祷着一边走向监考教室。

从那时开始整整一天或两天，默默地进行监考工作。最后，在不要因"答卷没收齐"等问题而被阻止早回家的祈祷中，等待解散指示的声音。

监考工作不是只有大学教授才能做的工作，即使入学考试需要某种威严，大部分考生也不知道监考的是教师。负责出题和阅卷的教师就会更多地受到限制。

除了入学考试以外，在接待海外留学生和访问学者时，大学教师也有各种各样的事务负担。另外还有，图书馆里放怎样的杂志，中止订阅哪个杂志，准备各种竞争性资金的申请材料，审阅学会投稿论文，审查学生论文和写推荐信等，这些不可忽略的事务性工作累积起来，意外地就会抢占本该用于研究的时间。

图 3-3 中所示数据一目了然。该数据来自 2017 年 4 月 25 日的《东京大学学报》中关于"东京大学教师的研究时间"的专题报道。该报道是以"忙于杂务、疲惫不堪"为标题开始的特辑，作为"东京大学 6 名教师的告白"，详细地进行了时间分配的分析。这个报道从不同领域研究时间有多大变化的角度触及教师间的差异问题，而在整体内容上生动地反映了东京大学教授因杂事繁忙而疲惫不堪的现状。

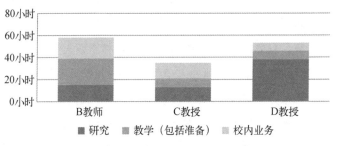

图 3-3　东京大学教师每周研究、讲课和校内事务的时间示例（2017 年）

资料来源：《东京大学学报》（2017 年 4 月 25 日）。

投入课堂教学的精力

课堂教学是大学教师的职责之一。然而，无论是日本还是美国，教师的评价都偏向以研究成果为中心。越是在顶级大学，这种倾向就越大。

在前一章中，我们看到近一半的东京大学学生每周花 20

小时以上的时间去上课。这意味着，考虑到东京大学学生的数量（大约是普林斯顿大学的2倍），相应地教师也会讲授那么多的课时数。东京大学教师各学期的平均每周5课时（每课时90~105分钟）与日本普通私立大学（6~8课时）相比要少些。这里还加上各种委员会事务、入学考试关联事务等，有余力的人可以在校外做兼职等，剩下的时间用于研究。

就普林斯顿大学的情况来看，根据选修课程的学生人数会有所变动，但教师的平均授课数是每周4课时。因此，粗略计算，东京大学教师的教学负担是普林斯顿大学的2倍。在普林斯顿大学，教师的入学考试关联事务几乎为零。因此，如果在学期内其他事务委员会的工作量相同的话，那么可以发现在教学和研究上的时间就会有很大的差距。综合这些来看，可以说东京大学的教师在一门课程上投入的精力似乎非常有限。

从东京大学学生的角度来看，他们可能对课程不满意，但从教师方面来说，在入学考试相关事务和其他杂事负担额外增加的同时，还必须完成这么多课时的教学任务，可以说已经是极其努力啦！（私立大学的教师从教学量这点来看就更加辛苦，但因此可获高薪补偿）。当然，"因为忙而对教学工作敷衍了事"是行不通的。从这个意义上来说，嘉奖教学优良的老师，致力于把教学和报酬结合起来的措施是非常必要的。

向行政事务人员授权的内容和方式

虽然在社会上可能不怎么为人所知，但是实际上，无论日本还是美国，大学组织中除了教师和学生以外，还有很多担任重要任务的所谓行政事务人员。在美国顶级大学，这些人承担着包括大学入学考试事务、教学计划管理等在内的全部教务、公共关系、建筑维护管理以及其他工作。

到底存在多少这类人员，他们做什么或不做什么，这些对研究人员的研究环境有很大的影响。在日本，大学的管理人员由内部教授提名或选举产生的情况较多。而在美国的大学里，很多情况下，校长和行政事务管理人员都是从校外聘请进来的有大学经营头脑的人士。

美国大学作为像企业这样的管理组织的色彩越来越浓厚。比起教师人数来，行政事务人员数量以更高的比例在增加。熟悉大学行政的政治学者本杰明·金兹伯格指出，1985—2005 年之间，全美教师数量增加了 50%，而院长、教务处长等管理职务的行政管理人员增加了 85%，负责底层事务的辅助人员增加了 240%。

行政事务人员的增加会给教师的研究教学环境带来什么样的影响呢？单纯地考虑的话，因为教师的事务负担减少，研究环境应该会得到改善。但是行政事务人员并不是免费雇用的。

增加行政事务人员对大学来说是财政负担。另外，优秀的行政事务人员会成为大学之间的争抢对象，和教师一样，其工资会被拉高。这也是美国顶级大学高成本体制的原因之一。

下面详细看看吧。图 3-4 是普林斯顿大学和东京大学教师和行政事务人员数量的比率。由于基础统计信息的分类不同，因此无法进行严格比较，但可以把握大致的倾向。2015 年普林斯顿大学的教师为 1 107 人，而与之相对的行政事务人员为 4 812 人，约为 4 倍。而在东京大学教师人数5 872 人，行政事务人员只有不到其中一半的 2 684 人。

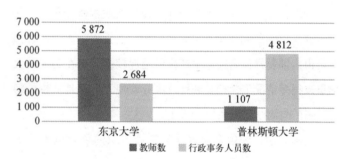

图 3-4 东京大学·普林斯顿大学的教师数和
行政事务人员数（2015 年）

注：普林斯顿大学的行政事务人员总数包括管理、学术事务、法务和设施管理等大学管理工作人员（图书馆员、策展人等除外）。东京大学行政事务人员总数包括行政人员、技术职员、其他职员、学术支援专业职员、学术支援职员、特聘专家、特聘专业职员（医疗职员等除外）。
资料来源：《东京大学概要》（2015 年度版）、《综合高等教育数据系统》（*The Integrated Postsecondary Education Data System*）。

其次是行政事务人员的能力。虽然并不是说高学历的人能力就高，但是普林斯顿大学的干部级别的行政事务职员大部分都是取得博士学位的人，很多人都是在其他大学有所成就后才被招聘录用的。特别令人印象深刻的是，越是级别高的管理人员，对诸如大学该怎么办、大学的课题在哪里等方面的思考就越清楚。

继承公务员文化的日本国立大学的行政事务人员，缺乏自己去应聘职位并独立行动的主动性，因而他们将价值体现于忠实执行教授委员会的指示。在过去东京大学的许多行政事务官员都是从文部科学省派遣来的官员，尽管最近其比例有所下降，但在政府部门与大学之间能建立良好关系的人才可能是很有用的。然而，单依赖政府并不能建立独立的高等教育机构。大学在财政上不能依赖政府的状况下，行政事务管理干部或是从大学内部选用，或是积极从民间招聘，这是令人期望的未来趋势。

那么，非管理者的普通职员又会怎么样呢？不能说东京大学的行政事务人员的效率差。我知道很多有能力的人做着非常细致的工作。涉及很多学生的部门，尤其是留学生多的部门，工作是非常辛苦的。因为重要的决定是由教授做出的，所以给人留下的印象是，没有充分将权限转让给行政事务人员。虽然把"什么"授权给行政事务人员很重要，但是"如何"授权的决策机制的改变，也是必须要探讨的。

2010年以国际排名靠前的大学为对象实施的"大学中学生和教师人数比例的国际比较"的调查报告显示，日本的排名前位的大学在"教师—学生比例"上与世界排名靠前的大学比较也不逊色，但在"学生—事务人员比率"上却差得很远。此报告得出以下结论：

> 大学的学生与行政事务人员数的比例在国际比较中存在显著差异。在日本的大学中行政事务人员很少的问题，基本上被认为是由于日本大学缺乏专业工作人员来处理招生考试事务、教学事务以及研究辅助等工作。这导致教师将承担大部分事务性工作，因此用于教学和研究工作的时间变得非常少。

在美国，通过逐步地委托专门人才来完成教师过去曾负担的事务性工作，使研究环境得到了改善，但因此又走上了高成本体制的道路。高学费的原因之一可以认为是大学业务的多样化和外包方式。

现在的美国顶级大学，除了教师以外，还存在精通专利和生物实验的律师、医疗专家、心理咨询师、运动队的教练、运作大学资产的投资专家、企业合规专家、学生就职咨询师等各种各样的高级专门职员。大学已变成如果在教师以外不雇用这些专业人员就无法经营下去的体制。

与此相对，在日本的大学教师反而承担着很多业务。除非营造出一种文化氛围，积极鼓励行政事务人员主动地提出建议而不是把他们当做杂事承包人，否则就无法解决教师的时间被占用的问题。为了不走向高成本体制的道路而又能确保教师的研究时间，就有必要战略性地发挥行政事务人员的作用。

三年一次的学术休假制度

学术研究活动，如果只是拼凑"在这里 20 分钟、在那里 20 分钟"这样的分散时间的话，是毫无意义的。因为不集中精力花大量的时间，就无法深入思考。在此，长期学术休假制度就变得很重要。

日本很多大学都建立了每七年可以获得一次长期学术休假的制度。根据不同情况，也有规定十年一次的大学。可是，问题在于实际执行情况吧。虽然存在学术休假制度，但是如果部门里人手少的话，自己休假的时候就必须由别人来承担自己的那部分工作。特别是"那位老师都还没有休过假，我又怎么能休息呢"这样的日本式设身处地为人着想的心态起了作用，结果导致了学术休假制度的有名无实。这是论资排辈文化的负面影响。

顺便提一下，东京大学规定："教师连续工作每七年后，原则上可以专注于连续六个月至一年的自主调查研究。"2012 年度，利用该制度的教师有 44 人，如果认为有资格利用该休假制度的教师总数约 4 000 人的话，其利用率就只有1% 左右。

在普林斯顿大学，让人吃惊的是，每三年可以取得一次学术休假的制度实际上起着作用。如果教三年书的话，就会获得带薪休假一个学期的权利，而且无薪的话就可以获得休假一年的权利。如果能够确保研究经费的话，就能确保每三年有一段潜心研究的时间。如果是年轻人，据说还可享受更高频度休假的优待。有好几本书出版的教授，也许正是托了可以频繁休假的福。

虽没有准确的统计数据，但如果遵守着"三年一次"惯例的话，估算结果表明，普林斯顿大学每年有大约十倍于东京大学的教师在利用长期学术休假制度。与此相比较，在日本顶级大学能集中研究的时间实在是少得让人惊讶。

教授水平提高从"寒暄"开始

减少管理事务工作是改善教师研究环境的重要一步。然而，这样节约出来的时间并不能立竿见影地提高研究的质量。专门从事教育社会学的竹内洋先生有如下论述。

在我读研究生的时候，甚至有人说："大学教授这工作只要做了三天，就会停不下来了。"不像现在的大学教师那样，忙于各种各样的校务和社会服务活动，诸如休息日为考生进行模拟讲课的校园开放活动或者社会合作关联的活动等。……但这也并不是说，如果有充裕的时间，就可以很好地写出研究论文。根据1965—1974

年的论文写作调查，40多岁的教育学的教师中有三分之一的人，50岁以上的教师中有接近一半的人，在十年内没有发表过一篇论文。（下横线由原著者标注）

研究不是说只要花钱就好，同样地，也不是说只要有时间研究就会有丰硕成果。

那么，如何建立激励教师的制度呢？正如本章开头所述，工资提高和职务晋升是激励努力工作的重要因素。但是，如果是身份得到保障、工资也维持在最高水准的正教授（full professor）会怎么样呢？在没有规定退休年龄的美国，只要不犯法，即使不特别专注于学术研究也可以一直坐在教授的位置上。

仅凭待遇方面的奖罚好像还是难以解决"干劲"的问题。那么，怎么办才好呢？我在美国感觉到的是，大学里弥漫着一种氛围，使每个教授都觉得应该经常想出新点子来。

高频率地举办学术研讨会也是顶级大学的特征。在大部分的院系里，除去长期休假不在校的教师以外，所有教师都会在校内的研讨会上每半年发表一次研究成果。为什么呢？一方面，可以想象，因为当上了资深教授，就想表现出自己仍然在该领域中处于领先地位的自豪感。另一方面，对于要申请终身雇用资格的年轻教师来说，内部的研讨会是一个展示自己的场所。或者是，在这种场合下，能否踊跃地提出高质量的问题，也是一种不言而喻的竞争，这对参加研讨会的研究生来说是很好的刺激。

人事面试也是激励教授的机会。向推销最新观点的年轻人提出什么样的问题，这像一面镜子似的可以反映出教授自身的能力。

被称为工作交谈（job talk）的活动同时作为应聘教师就职面试的学术研讨会，也向研究生公开，很多人蜂拥而至。学生们参加这类研讨会，似乎不仅是单纯想了解应聘者及其研究，而且还想通过听取其他研究生院培养的人才的研究报告来获得某种"市场感觉"，从而为就业做准备。

虽然美国顶级大学不存在对没有干劲的教授进行处罚的机制，但是若不产生研究成果，则存在一种让其感觉"不舒服"的气氛。因而，美国顶级大学不是通过大幅地改变个人待遇的方式，而是通过营造大学社区良好氛围的活动，来激励教师不断创新而做出研究成果。这在预算有限的日本也是一定可以做到的。

在校园里擦肩而过时，学者们常会相互打招呼，问对方最近在做什么研究。学者随意地这样寒暄时，背后隐藏着"我在做这么多研究呢"的自负感。但是，在日本常用的"没，杂事太多了"这样的借口在美国是行不通的。

这里想建议，无论是学生还是教师在校园里遇上学者时都这样打招呼问好："最近在做什么研究？"如果大家都那样做而创造出气氛的话，即使不花钱，研究水平也会提高。我这种预想可能太天真吧。

回归到"发光的闲人"

当然，美国顶级大学的高成本体制为明星教授准备了破格的待遇。不可否认，大学通过聘请律师、投资顾问和心理咨询师等各职能的专家，为研究人员留出了时间。然而，持续的待遇竞争不仅增加了财政负担，而且还产生了学费上涨、教师与学生的距离拉大等问题。

尽管如此，对于每个研究者来说，有高额成功报酬的美国顶级大学仍是充满挑战的场所，也是令人憧憬的舞台。如果日本的大学还不作点改革的话，日本优秀的研究人员就会向国外流出，不久后空洞化将不可避免。当然，有些领域有利于出国，有些则不然。但是，如果有活力的研究人员纷纷毫不犹豫地离开日本的话，日本的大学也必须认真采取措施来对待。

应该说是幸运的吧，正如本章所呈现的那样，对于研究人员来说，薪水并不是全部。时间、同事、学生素质、研究费用、生活环境（包括家庭满意度）等的综合条件决定着"舒适度"。我想，日本大学为了避免美国大学的企业化，并创造出优秀研究人员愿意长期居留的环境，首先要着力改善研究条件，以保证他们有充足的研究时间。

"学校"和"学者"的英语来自希腊语"schole"，它是"闲人"的意思。在古埃及和希腊，学问最初都是作为"闲人"的轻松休闲活动而开始的。数学和天文学因为其本身很有趣，能满足好奇心而吸引了一个个有智慧的人。这些知识在建筑、灌水工程中起到作用却都是后来才发生的事。

研究不是作为一种谋生手段，追求研究对象本身有趣的东西，享受由此带来的喜悦才是研究这种职业本来的"报酬"。这里决不是在说什么高尚的话，这种"报酬"确实无法转换为金钱价值。而由于竞争和管理事务的增加，在日本的很多大学里都很难获得这种"报酬"了。

个别学科因在狭小世界创造成果而被推动，但其过程并不为外行人所了解。在这样的状况下，希望大学成为也能与专业外的人们交流的宽容空间和能够让社会参与的开放场所。并不是说要创造什么都不做的闲人。我想呼吁让研究者回归到那种"发光的闲人"的状态，通过追求最喜欢的主题来产生新的想法，并把这个过程和结果传承给下一代，而且能把这样的研究活动本身当成一种乐趣。

第4章

悲哀的全球化

——非英语圈、日本特有的多样性

我曾以为，美国的顶级大学聚集了从世界各地精选的研究者和留学生，大多数学生以英语为母语，这样的大学对于"全球化"的努力是毫无意义的。然而进入顶级大学后却发现，大学的领导们把全球化定位为紧迫的课题。向海外派送学生，并增加与外国相关的课程等，是顶级大学在全球化的名义下特别致力于推进的活动。

为什么美国的顶级大学必须推进全球化呢？而全球化的推进又将何去何从呢？日本的大学，在被教学的英语化和外国教师的增加等国际化的形式所左右的过程中，感觉已远离了什么是值得研究/教学的知识这一本质问题。表面上的全球化令人悲哀。非英语圈国家、日本的大学如何面对全球化，对于正向保守主义方向转变的当今世界来说具有重大意义。

明治时期的东京大学处于
国际化的前沿

"最近的东京大学学生不会英语。"

夏目漱石在 1911 年（明治 44 年）的随笔《语言养成法》中如此感叹。

但是，漱石的叹息也正好反过来说明这样一个值得骄傲的事实，那就是将必须用英语教学的课程替换成用日语的了。因为直到他还是学生的明治中期，几乎所有的课程都是用外语，特别是英语教学的。

1877 年，东京大学成立之初，一半以上的教师都是外国人，校园比现在更加富有国际色彩。在 1878 年的阶段，31名教授级的教师中，只有 10 名日本人，其中绝大多数都只被安排担任辅助角色。直到 1881 年，日本教授的人数才超过外国人。

明治维新后不久，美国人威廉·格里菲斯在福井、之后在作为东京大学前身的大学南校讲授物理、化学等课程。他对1872 年 5 月 7 日明治天皇参观时的课堂场景作了如下回忆：

> 天皇于当天上午 9 点来学校，一直待到 12 点半。参观了一些物理学和化学的课堂教学，旁听了学生们用英语、法语、德语阅读和回答问题。

明治时期的东京大学对日本教师的国际化也非常积极。要想成为教授，就要在欧美公费留学 3 年。可想而知，作为刚刚起步的近代国家，日本在培养知晓世界的日本教授方面投入了相当多的经费。

像这样，以东京大学为首的明治时期的日本的大学，就这样开始了积极引进海外优秀学问的全球化。并且，为了赶上具有压倒性优势的西欧各国，走上了将学问转换成为日本语言和语境的本土化道路。在学术研究就是翻译海外出版物的时代，大学的作用就是将外国的东西进行本土化。

图 4-1 显示了近 140 年来东京大学外籍教师的比例和人数的变化。据此可知，虽然外国教师人数有所增加，但是在最初的三四十年之间，外国教师在教师总数中所占比例急剧下降，之后也一直处于较低水平。

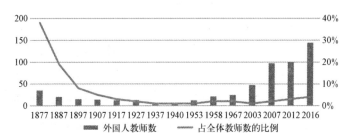

图 4-1　东京大学外籍教师人数占全体教师总人数
比例的变化（1877—2016）

资料来源：天野郁夫《大学的国际化与日本化——以东京帝国大学为中心》（1978 年），《东京大学国际化白皮书》（2009 年），《东京大学概览》（2003—2016 年版）。

在 140 年后的今天，东京大学正致力于增加英语教学、增加外国教师和留学生人数。不仅是东京大学，而且是日本全国的大学都正在国际化的背景下推进大学校园的英语化。

如果漱石等明治时代的知识分子看到这种情况，想必会裂胆揪心，因为正是他们非常努力地建立了能够用日语教学的大学。

当然，过去和现在的时代背景完全不同。明治时代的全球化是为了尽快获得海外知识而从内自发地发生的。现代的全球化给人强烈的感觉，是外在地受到难以抵抗的国际潮流和国内少子化的压力而被动地进行的。有些矛盾的说法是，明治时期的日本仍然是远东的一个小国，而那时的大学却比现在更具有主动性。

离开东京大学的学生们

另外，开始对全球化敏感起来的是日本的精英高中生们。优秀学生的第一志愿不是日本的大学，而是海外的顶级大学，因此以常春藤联盟名校为升学目标的专业补习学校也应运而生。同时报考以东京大学为首的日本顶级大学和常春藤联盟名校的考生也增加起来了。对于立志考上美国顶级大学的人来说，东京大学现在正在成为一个"保底的选项"。

过去，希望从日本进入美国顶级大学的大多数高中生都是在东京都内的国际学校读书的学生，而且同时申请报考的日本大学也就是那些设有面向归国子女入学的额外名额的极其有限的几所大学，诸如上智大学、国际基督教大学等。然而，近年来，涌现出许多学生，他们并非瞄准有归国子女入学名额的大学，而是同时报考东京大学，参加东京大学的一般入学考试。

我曾经召集过几位被东京大学录取的日本学生开了个座谈会。他们4月份入学东京大学仅仅学习了半年，9月份就退学去普林斯顿大学上学了。他们对东京大学的评价如下：① 在选择课程时没有灵活性，尤其是不能跨学年自由选修高水平课程；② 一旦表现出学习态度，就会被来大学玩耍的朋友孤立；③ 每周上课时数多，每个课程的密度很低（课外作业量少）；④ 大教室的课程很无聊。

也有学生的意见不是基于这种教学环境的比较，而只是单纯地说和日本水土不服。他们小时候住在外国，自然而然地就把目标瞄准外国大学。或者，也遇到过这样的学生，他们受周围的留学生或希望进入美国大学的同学的影响而决定报考国外大学。

同时可以报考东京大学和美国顶级大学的学生的出现本身就是全球化的结果。然而，他们的评判只能听取一部分。因为决定离开东京大学并前往美国的这些学生，在一年级上半学期就做出这个选择，还未能体验到东京大学的优越。但是，如果通过考试而被两边学校录取的学生多数最终都选择去美国的话，这全球化就不能说是双向的。

如何看待最终决定转到美国顶级大学的学生们的评价，在此暂且不论。然而，很明显的是，东京大学能够稳坐"日本顶尖大学"宝座的时代已经结束，因为东京大学也不得不面临与"世界顶尖大学"的竞争。

美国顶级大学的全球化是什么

如前所述，日本的"全球化"似乎给人这样一种微妙的印象，它只是被动地顺应外部无法抗拒的潮流。另外，美国顶级大学所指的是增强与世界的联系并称其为"国际化（internationalization）"。这个词乍一看就能理解其意思，即大学更主动地走出去而进入全球视野。

在日本，所谓的"全球化"实际上是"英语化"。用英语进行教学，与此同时增加外国教师和留学生人数，这些被认为是全球化的手段和目的。与此相对，在英语已经成为通用语的美国，其国际化意味着什么呢？在其答案的背后，似乎有美国顶级大学的几个"焦虑"。

2007 年，为了促进国际化，普林斯顿大学设立了一个正式的委员会，并在其报告《世界中的普林斯顿大学》（*Princeton in the world*）中表明了以下危机意识。

美国的大学，作为（世界的）高等教育的中心，看起来有着可以自己支配一切的不可动摇的地位，但已经不是理所当然的了。在美国的顶级大学接受过训练的海外学者正在返回各自国家，聚集各种资源，建立规模足够大的卓越研究机构，并开始在这些机构里培养下一代研究人员。

（https：//www.princeton.edu/reports/globalization-20071017/）

此报告书提出了以下建议，作为国际化的具体对策。

• 着手准备财源和建立制度以加快学生和教师的海外派遣，以及加快普林斯顿大学接受顶级学生、顶级教师。

• 将世界上的多语言课程导入基础教学计划。

• 设立推进国际活动的核心标志性组织并建设该组织可入住的活动空间。

• 涉及现代社会的课程的50%以上采用以美国之外的国家为研究对象的内容。

普林斯顿大学的管理层对来自亚洲各国的大学的强烈追赶以及普林斯顿大学研究者和学生的趋于保守的趋势产生了危机感。

美国顶级大学在推进这些措施时，其令人意外的弱点就是教师和学生的高满足度，也就是说，他们在校园里感觉很舒服。在远离都市的普林斯顿大学，这种趋势尤其强烈。封闭的校园空间里包含所有令人满意的事物。他们不想错过校园发生的事情（尤其是同年级朋友们的活动）。他们被这种所谓的"普林斯顿幻象"的感觉所包围。因此，学生在读书阶段很难会主动想出国。这就是为什么美国大学认为，必须主动地推进"国际化"。

除此之外，也有制度上的障碍。美国顶级大学的课程设计很僵硬，很难取得长期休假。他们不承认为了增加海外经验而中途休学的文化，尤其是体育院系的学生，想申请休学则更为困难。在国外取得的学分往往只考虑是否被认可，很多时候都不被承认为毕业所需的学分。

也有出国费用的负担问题。无论是多么富裕的家庭出身者，自立心强的他们都尽量不想依赖父母。

实际上是内向的美国顶级大学

话虽如此，但美国顶级大学必须特意地推动国际化的根本原因，似乎更多是在教师方面，而不是上述学生的态度。

"美国人对外面的世界不怎么关心。"

普林斯顿大学的几个教授感慨地对我这样说道。

"就连从事外国研究的教师，大多都对外国本身不感兴趣。只是非常关心如何从中撰写理论性论文而出成果。"

这样的话也听到过。说"不感兴趣"有言过其实的可能。比起谈论读者不知道的特定场所，研究者更追求在任何场所都能使用的视角和工具。不，准确地说，研究者也许正是在试图回应追求这些东西的读者的期待。

为了打破这种局面，普林斯顿大学一直努力选择海外大学作为合作伙伴并致力于与其缔结"战略伙伴关系"协定。东京大学在 2013 年被普林斯顿大学选为第一个协定对象。从那时开始，两校关系不断加强。

我也作为一个交流活动的负责人，致力于两校之间的本科生交换项目。该项目派遣东京大学的学生到普林斯顿大学学习 6 周，之后又接受普林斯顿大学的学生到东京大学学习，以加深彼此的交流。2015 年以"战争与记忆"为主题进行了访问广岛的活动，2016 年以"自然·人类·环境"为主题，2017 年以"灾害与记忆"为主题，在受灾地陆前高田以合宿的形式进行了现场考察活动。

这种体验式的教学有意想不到的结果，在与当地的人文交流中有课堂上无法学到的东西。在陆前高田，大家进行了实践性的教学活动。普林斯顿大学学生发挥了作为外国人的优势，与东京大学学生组成团队，研讨了旨在灾后复兴的"吸引外国游客的方法"，并向市政府提出了建议，也让当地的人们感到很高兴。

这对学生们来说是有意义的双向活动。然而，在普林斯顿大学要找到这样一个负责的教师并不容易。其原因可以说是因为以现代日本为主题的研究者很少，但根本原因是，这种活动无法直接有助于撰写学术界高度评价的论文，而且是没有足够津贴的项目，仅仅靠主题的切实性和有趣性是无法把人才吸引过来的。

普林斯顿大学学生用日语谈论《半泽直树》

为了增加面向海外的教师和学生，顶级大学大力推进的日常性的措施之一就是提供多种多样的语言教学课程。普林斯顿大学的日语教学水平超出了预期。

普林斯顿大学每年都有 100 名左右的学生选修日语。每周都举办"日语餐桌（Japanese table）"活动。和日本人一起，大家一边吃晚饭，一边享受日语交谈的乐趣。不只是学生参加。在东亚学院有数名专门研究人员在进行日本研究，其中也有能阅读古日文的教师。

令我震惊的是，在旁听校园里举行的日语演讲比赛时发生的事情。起初，我以为作为"小语种"的日语，也就只有一些动漫迷才感兴趣。然而，当我到达会场一看，大厅里却挤满了 300 多名观众。

以"关于敬语"的看似平凡的标题获得 2015 年度冠军的学生，只有三年的大学日语学习经历，就成功地抓住了电视剧《半泽直树》中使用敬语的特征。这部以日本的银行为背景而受欢迎的电视剧，主题是与领导的对立或地位升降等错综复杂的权力斗争。原来，从语言的视角看，会发现，即使是敌对的人，也始终使用敬语。

"敬语不一定是在尊敬对方的时候使用，相反，即使没有尊敬的心情，也可以使用敬语。"

日语专业三年级的学生如此分析道。当然，她把半泽直树作为反证的例子，逗乐了观众。凭借着很好的主题选取、很好的问题意识，其水平之高是压倒性的。

在普林斯顿大学，到底进行着怎样的语言教学呢？仅限东亚语言，近几年来选修者的倾向是，汉语每年 400～500 名，日语 100～200 名，韩语 100～150 名。学生们每天上课 50 分钟，包括预习复习在内每周要花 10 个小时以上的时间学习语言。

学生学习日语的理由，是对日本的亚文化（漫画、动画）和技术感兴趣，或者是想尝试以前完全没有缘分的充满"异国情调"的语言。日语尤其受理科学生的欢迎。对将来工作职业上的实用性感兴趣而选修汉语的学生似乎较多，但选修日语的学生与学习汉语的学生有很大的不同，多数是出于自己的兴趣而学习日语的，因此中途弃学率很低。

向负责语言教学的老师们进行询问后，也知道了普林斯顿大学的日语教学存在的问题。例如选修学生的属性。因为同属汉字圈，所以在日语学习者中中国人（包括留学生和华裔美国人）的比例非常高。坐在几乎全是亚洲人的教室里，这一场景让白人选修者畏缩不前，从而使选修者的比例分布更加失衡。在普林斯顿大学的整个校园里本应占大多数的白人学生，在这里却成了少数派。

不管怎么说，普林斯顿大学的国际化正致力于将重点放在自己校内全球化的措施上，诸如增加包括语言在内的与外国相关的课程等。

东京大学的全球化进展如何

近年来被称为"内向"的日本精英大学生又是怎样的呢？事实上有很多学生在日本的大学里保留学籍而出国短期留学。目的地不只是美国。也有很多学生积极地去中国或东南亚。

图4-2显示了从东京大学到外国留学的学生人数的变化。仅从这一点来看，留学人数并没有减少，而是保持平

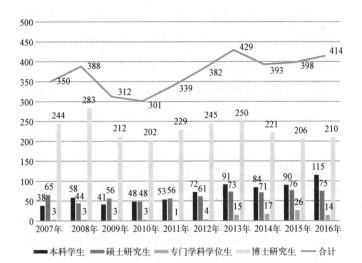

图4-2　东京大学去国外留学的学生数的
变化（2007—2016）

资料来源：《东京大学概述》（2016年版）。

稳。只看本科生的话甚至有增加的倾向。至少想出去的学生的数量没有减少。

另外，东京大学接受留学生的数量有逐步上升的趋势。为了与普林斯顿大学方面的数据比较，图4-3中的东京大学的数字截至2015年。来东京大学留学的本科生和研究生（不包括研修生）总数从2016年2 833人增加到2017年2 868人，呈现进一步增加的趋势。东京大学留学生总数超过了普林斯顿大学。

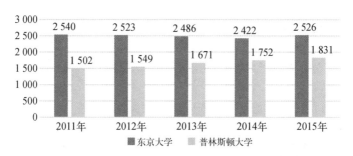

图4-3 东京大学和普林斯顿大学的留学生
人数（2011—2015）

资料来源：关于东京大学的留学生数是根据《东京大学概况》（2016年版）所载"本科留学生"和"研究生留学生"的数字相加的总数。关于普林斯顿大学的留学生数是从《戴维斯国际中心统计》（2011—2012年度版—2015—2016年度版）所载"本科留学生（international undergrad.）"和"研究生留学生（international grad.）"的数字相加的总数。

因为在大学的规模上是东京大学更大些，所以不可能用这些数据来判定东京大学的优越性。然而，在非英语圈的国家，竟聚集了这么多留学生，这一事实本身就应该获得相应的好评吧。

东京大学的优势在于
留学生的多样性

对于来日本的留学生，特别值得关注的是生源国的详细情况。与普林斯顿大学的留学生的生源国比较的话，东京大学留学生的特点更加明显。

表4-1是从东京大学和普林斯顿大学中的一所接收而未被另一所接收的留学生的生源国分布情况。从表中可以看

表4-1　东京大学、普林斯顿大学接收留学生
人数（2012—2016）

※留学生的生源国家中只有一所大学接收的生源国家名摘录

普林斯顿大学接收、而东京大学 未接收的留学生生源国家	东京大学接收、而普林斯顿大学 未接收的留学生生源国家
非洲：科特迪瓦、毛里求斯 **中东**：卡塔尔 **拉丁美洲**：牙买加、多米尼加、尼加拉瓜、海地、巴哈马 **欧洲**：塞浦路斯、格鲁吉亚、亚美尼亚、黑山、列支敦士登	**非洲**：安哥拉、贝宁、布基纳法索、刚果民主共和国、利比里亚、利比亚、马达加斯加、马拉维、莫桑比克、卢旺达、苏丹 **亚洲**：阿富汗、文莱、柬埔寨、吉尔吉斯斯坦、老挝、塔吉克斯坦、乌兹别克斯坦 **中东**：巴勒斯坦 **拉丁美洲**：巴拿马 **欧洲**：拉脱维亚、斯洛文尼亚 **大洋洲**：斐济、巴布亚新几内亚、萨摩亚

资料来源：《东京大学概述》（2012—2016年版），《戴维斯国际中心统计》（2011—2012年版、2015—2016年版）。

出，东京大学留学生的生源国除了有普林斯顿大学未接收留学生的苏丹、马达卡斯尔等非洲各国之外，还有柬埔寨、老挝等亚洲各国，以及巴布亚新几内亚等大洋洲小国的留学生。

与东京大学相比，普林斯顿大学在牙买加和尼加拉瓜等中南美各国占优势。虽然必须要考虑东京大学的学生总人数更多这一点，但是更应该特别强调的是，东京大学的留学生更呈现出多样性。可以认为，除了奖学金充实丰富之外，在亚洲的品牌知名度高、学费低、生活费便宜以及治安良好等方面对此也有积极影响。

不过，仅仅根据留学生的数量和生源国的多样性来衡量"全球化"是有失偏颇的。因为留学生是否融入了留学地的学生团体则是另一回事。

就东京大学的情况而言，在这一点上有很大的改善余地。从我的经验来看，经常听说有这样一种隐形的"障碍"，例如，在东京大学开设英语课程时日本学生也很少选修，或者一些学生社团活动以及其他日本人团体也不向留学生开放。问题是，比起增加留学生的数量，更应该让日本敞开心胸、接纳世界。和把与外国人接触作为文化一部分的美国顶级大学相比，东京大学的全球化还处在发展阶段。

还有一点，关于全球化，东京大学值得自豪的是，从很早以前就开始有广泛的外语教学实践。从开课的外语种类来看，普林斯顿大学是 24 种语言，东京大学是 38 种语言（均为 2008 年的调查）。

藏语、马来语、泰语、越南语等在普林斯顿大学没有开课。虽然也有像哈佛大学和耶鲁大学这样在东京大学之上（哈佛大学为 70 种语言，耶鲁大学为 51 种语言），但是如果和斯坦福大学（22 种语言）、布朗大学（20 种语言）相比，在东京大学开课的语言种类数也毫不逊色。特别是印度的梵语等，东京大学不仅仅有教授该门语言的教师，还具备了培养能够讲读古典文献在内的专家培养体制。

"5 人以下的课程不得开课"

与课程涉及领域是否广泛而密切关联的是小班课程的数量。提供各种语言课程意味着提供如此多的小班教学课程。

然而，大学一旦开始引入"效率"的概念，对这样的小班教学的影响就变得严峻了。

普林斯顿大学于 2017 年 5 月发布了"选修学生五名以下的课程不得开课"的通知。虽然针对语言课等也有很多例外规定，但是标榜自由学习各种领域学问的人文教育方面本不该存在财政困难的普林斯顿大学却到了提出这样方针的地步，这似乎表明美国的精英教育已经迎来了一个过渡期。本来，只有五名以下学生参加的课程往往会出现在选修该专业的学生本身就很少的时候。表 4 - 2 总结了普林斯顿大学最近五年（2011—2016 年度）的热门及非热门专业。在普林斯顿大学，学生会在二年级的最后一个学期选择自己的专业，这对了解学生的兴趣动向非常有用。

表 4-2　普林斯顿大学的热门和冷门专业

	热门 （年平均选修专业人数）	冷门 （年平均选修专业人数）
第 1 位	经济学（126.2 人）	斯拉夫语（3 人）
第 2 位	公共政策（107 人）	西班牙语·葡萄牙语（4 人）
第 3 位	政治学（92.8 人）	日耳曼语（4.6 人）
第 4 位	心理学（68.8 人）	天体物理学（5.8 人）
第 5 位	计算机科学（68.6 人）	法语·意大利语（8.4 人）

资料来源：根据普林斯顿大学网站所载 2011—2016 学年的平均专业选修学生数（本科生）计算。

从表中可以一目了然地看出，许多冷门专业属于专门研究特定地区或语言的"区域研究"，而热门专业则属于有利于去政府或公司就职的领域，或者"似乎各种工作都能干"的领域。

简单地说，冷门的专业群是与特定职业联系不明确的、所谓"无用"的专业。

但是，"热门或冷门"的背景需要慎重解读。选择冷门专业的学生，抱着明确的升学意愿的可能性比较高，而选择热门专业的学生，也可能是因为"好像对就职有利"或

"因为还不知道想干什么"等而进行了选择。

就连在文学、哲学、数学等领域拥有众多知名教授的普林斯顿大学，其实用性专业也获得了压倒性的人气，这也许可以说是体现了大学"企业化"的另一个侧面。换句话说，大学并不是像过去那样是个追求深远学问的地方，而是渐渐变成了以社会需求和利益为目标的职业训练场所。

如此一来，美国顶级大学被迫陷入了这样的状况，仅仅有诸如"只要有趣就可以""如果这门课消失了就很可惜所以应该有人来教"等的理由已无法使课程的开讲正当化了。

由于即使在财政资源丰富的顶级私立大学都出现了这个状况，在学生人数和预算密切相关的州立大学，冷门专业的情况也就处于更加严峻的境地。至少，这些大学无法要求增加新的教师职位，也许还不被容许填补退休教师的空缺。这是因为，虽然可以说受到终身雇用制度的保护，但当州议会质问为什么需要20名教师来指导10名学生时，大学似乎也无法做出令人信服的回答。

然而，在顶级的学校里，无论该专业如何不受欢迎，都不用担心该专业本身会遭遇被淘汰的厄运。从教师的角度来看，学生人数少的情况甚至受到欢迎，因为上课学生人数的减少会相应地减轻论文指导等教学负担。可是，普林斯顿大学对"5人以下的课程"的严格要求表明，这样的顶级大学也开始承受经营效率的压力。

在东京大学保留下来的
一对一的课程

我在学生时代选修的课程中，印象最深的就是人数少的课。我记得当时分别选修了一门 1 对 1 的课，一门 1 对 2 的课和一门 1 对 3 的课。特别是 1 对 1 的课，30 年过去了，现在，我仍和当时的老师保持着交流。

这还是大学富裕时代的遗物吗？我问了一圈周围熟悉的老师和学生，得到的印象是，在小班的语言课程以外，现在也有相当数量的课程的选修者人数为 1 名或 2 名。在财源不算丰富的东京大学，这该是多么奢侈啊。

当然，有些课程的选修人数很少是因为教师不受学生欢迎。但是，从哲学思想到政治、科学理论等丰富多彩的课程，即使学生人数少也能开课，这不应该仅仅以教师是否受欢迎来解释说明。

对日本文部科学省的官员来说，小班课程也许被认为是效率低下的象征。然而，让我说的话，这些课程的存在正好证明，大学已成为容纳各种学问需求且让师生产生密切联系的场所。

这样，与高效率运营理念开始渗透到课堂教学的美国顶级大学相比，东京大学至少（积极意义上）仍然弥漫着相对悠闲的气氛。东京大学还保留着一种传统，那就是如实地广泛地接纳学生的兴趣，不管这些兴趣对将来就职而言是否有利、有用等，这一传统超越了学生找工作等短期利害关系。

全球化和人文学科的命运

从"经营效率"的观点来看，最被忽视的是人文社会科学。在这里提到"人文社会科学"的时候，我设想的是与现代政策课题相距甚远的历史学、文学、艺术、哲学、伦理学、文化人类学、地域研究等。确实有人文社会科学的专家们无法很好地向社会宣传其存在意义的问题。用英语写论文的文化还没有渗透进来，这也许是在全球化取得进展的理科领域的研究者在背后指责文科领域落后的原因吧。

让我们扯远一点来思考一下全球化与人文社会科学的关系。虽然根据领域的不同其影响也会不同，但是从大的角度来看，全球化可能会在以下三个方面危及人文社会科学的存续。

（1）标准化——随着国际交流的加速，可在两所大学取得学位的双学位制度、交换留学生、学分互换制度得到保证的话，有协定关系的大学就会将彼此的制度标准化。这样将产生一种力量，致使英语作为通用语而特权化，从而迫使其他语言圈的研究边缘化。

（2）实用领域的优越性——与国际开发、保健卫生和环境问题等和地球公共财产相关的主题随着全球化成为大学所期待的领域。对地球层面的关注可能会被大大地推进，而对个别区域的兴趣却被抛在脑后。此外，如果大学把兴趣转向"实用"，并发展成职业训练学校的话，人文学科的地位就会下降。

（3）科学和技术的优越性——支撑中国和印度经济发展的是科技领域的兴盛。如果这些地区的大学、人才和美国的大学加强交流的话，那么容易筹集资金的科学和技术领域将必然地具有优越性，人文社会科学则会被置于不重要的位置。

这样看来，似乎可以说，以人文学为中心的文科领域，就不仅仅是会被全球化甩在后面，而且还面临着因全球化而被迫萎缩的压力。

在全球化中越来越有用的是那些可以超越地域而被认可有价值的实用性、普遍性的知识以及数量上易于表达的知识。相反，那些可深入挖掘的具有地域个性特色的知识，很可能被看成是与时代背道而驰的学问。

人文学科留存的"玩学问"精神

我认为乍一看"无用"的人文学科的学问仍然重要，是因为这些学问培养了创建和维持民主社会所需的批判精神，特别是培养了对不同文化产生共鸣的同情心。人文学科包括培养艺术创造性方面，最终使我们面对"人是什么"这一人类共通的问题。这也许是偏离必要的日常生活而被忽视的"游戏玩乐"，但也有其自身的功能，即是在理性支配的人类社会中产生充裕感和起到自洽的作用。

　　我所属的东京大学东洋文化研究所，从某种意义上说，是最没用的地域研究人员聚集的地方。同事们的研究，虽与政策问题保持相当的距离，但对于研究发展中国家开发这个"俗气"主题的我来说，是憧憬的对象。对于那些让人无法立即想起来在今天有何现实意义的研究题目，例如，15 世纪的阿拉伯绘画研究、伊斯兰艺术史、斯里兰卡古代的帕利语佛经和缅甸的农村经济等，东洋文化研究所使用当地语言进行研究。东洋文化研究所，作为实用主义的防洪堤，成为能继续"玩学问"的场所。

　　当然，现实中，把"玩"作为前提的研究并不是那么容易争取到经费。在大多数活动都是以税金运营的国立大学，需要承担进一步的说明责任。我们有必要向专业外的人们说明一下，那些与当今的现实问题相去甚远的研究题目究竟对于人类社会有着怎样深刻的洞察理解。在混乱的国际形势下，对他人的理解更是前所未有的重要。考虑到这点，就觉得主张地域研究的意义似乎并不是那么困难的事情。

"小众的视角"很重要

　　"玩学问"之所以重要，是因为潜藏着容易被忽视的"小众视角"。这里以上述的地域研究为例，梳理一下这个"小众视角"具有什么社会意义。

地域研究关注某个特定的国家和地区，而且花好几年时间调查那个地方。对象地区越小就越被定位为"小众视角"研究。说到亚洲的研究，中国研究是大众（主流）的，而柬埔寨研究就是小众（非主流）的。在研究人员的数量上，就有明显的差距。

当然，大众（主流）/小众（非主流）的概念是基于某种数量标准的序列，如相关人员的数量、与政策的相关性等，并不代表学术本身的价值。

不仅如此，人类学家还特意选择了小众地区作为研究的对象。为了朝着发现人类普遍规律的大目标迈进，人类学家更倾向去研究生活在非洲和拉丁美洲内陆地区的少数民族，而不是去研究开导文明的西欧社会。

在试图理解社会现象时，从支配性秩序中被排斥出来的人或处于弱势地位的人的角度看待事物，有时会带来新的发现。例如，要是谈论平时看似高傲的教授每天如何倒垃圾，那日常负责打扫大学设施的人可能会讲出很多的意见。同样地，在向以英语为主导的美国世界发出批判的光芒时，日本这个非英语圈国家提出的"意见"是非常有意义的，因为可清楚地照亮那些被特权化的世界认为是"理所当然"的扭曲的地方。

在顺着全球化的趋势而"理所当然"的支配范围在不断扩大的过程中，反而只有站在边缘立场的人才能从意想不到的视角提出质疑来动摇那些"理所当然"的前提。

"能用日语写论文，真羡慕！"

话虽如此，所谓小众，除了单是作为少数派本身处于不利地位以外，还要去迎合主流派标准，从这一点来看，少数派有着绝对的劣势。主流派可以无视少数派，而反过来的情形不会有。

一个显著的例子是语言。当今世界，在"英语"这一主流语言面前，其他语言都处于边缘的次要地位。世界上有很多国家的人连用自己的母语写论文都不能遂愿。

我在美国曾遇到过这样的事情。女儿的朋友里有一个来自巴基斯坦的孩子。他的父亲是宾夕法尼亚大学乌尔都语教师。他自身的方向是研究巴基斯坦文化并获得博士学位。

在公园看着孩子们玩耍的时候，他慢慢地问我：

"你能用自己的母语写论文吗？"

我觉得即使是不懂常识的人也会认为，只要有文字，任何语言都可以写论文。但是，教乌尔都语的他看起来很悲伤地说：

"我不能用乌尔都语写论文。"

我明白了。调查后发现，虽然世界上存在着几千种语言，但极少有非欧洲系语言有足够多的词汇能够逻辑性地记述复杂的现代科学。不过，日语是具有这种特权的语言。受惠于以日语作为母语的上几代日本人，也得益于高识字率，在文明开化之时就将外国知识翻译成自己国家的语言，从而能够迅速地吸收。

根据用日语写论文的价值，针对最近大学"用英语写论文"的压力，其应对态度也发生了变化。

在图4-4中，整理了2009年《东京大学国际化白皮书》中关于"以哪种语言发表研究成果"的有关信息。

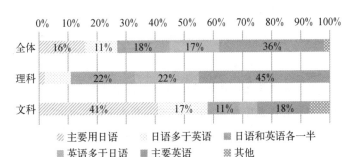

图4-4　在东京大学发表研究成果时
使用的语言（2009年）

资料来源：《东京大学国际化白皮书》（2009年）（针对提问"你主要用什么语言发表你的研究成果？"的回答）。

根据学科不同，英语发表所占的比重也大不相同。在"理科"中，将近七成的人回答"主要是英语""英语比日语多"，而在"文科"中，将近六成的人回答"主要是日语""日语比英语多"。

至今为止，在主要用日语发表的领域，应该多大程度上要求用英语写论文，这是当今面临的课题。在急着下结论之前，我想先按自己的理解来整理一下日语出版物和日籍研究者的学术特性。

日语的香味

用英语写论文很好。然而，"只用日语写论文的话就不可以"的断言，这是一种短视的说法。福泽谕吉回顾了庆应义塾大学创立时的情景，在以四书五经为中心的汉语是精英文化的时代，年轻学生一起开始同时学习英语。他这样说道：

> 出现了能读任何英语书却不会读日本信件的少年。事物变得乱七八糟，社会上的人们是先读了汉语书之后再学习英语书，而在这里也有读了英语书之后再读汉语书的人。

结果，为了将外来知识转换成日语，就需要具备与理解外语相同或更高的日语能力，以及比什么都重要的、将这些知识定位的坐标轴。

我在普林斯顿大学评阅学生的报告时，发现在美国顶级大学，不会用英语正确写文章的人也意外地多。不能一概而论地批评美国学生，因为即使在东京大学也有许多研究生不能组织好文章的句子和结构。可是，首先连一门作为思考的基础的语言都不能运用自如的话，就不能很好地研究文科领域的学问。

此外，在文科中信息的渗透力并不仅仅取决于措辞的巧妙性和逻辑的完善度。这里还应该提及的是文章营造出的气氛。日语有其独特的氛围感，那些能熟练使用它的人在日语世界中会更具有影响力。

比如，日本有位评论家叫小林秀雄。在从美国回国的飞机上，当读到他的《与学生的对话》时，我被一种不可思议的感觉包围着，仿佛在机舱内干燥的空气中闻到了包裹着热气的酱油的醇香味。小林所关注的"味道"和"大和魂"等特有的表达，实在难以准确地翻译成英语。然而，即使它很难用英语表达出来，也能让人感觉到一种气氛，那里所包含的内容可以充分与英语国家的知识世界相互融通。

当然也可以不举小林这样的一流的文艺评论家的例子。无着成恭编著的《山神学校》是一本作文集，1951年出版后，立即成为畅销书。它清楚地教导中学生们，去努力认真地解决身边的生活问题，并将其用直白通俗的日语表达出来，如果能做到这一点，就可以达到连成年人都会感动的高度。

第二次世界大战前就存在所谓的"生活作文运动"这一作文的传统，这一传统提倡仔细观察日常的社会现实，并从底层大众的生活中汲取和提炼思考素材。在战后，这一传统在一些地区实现了"复兴"而没有被美国式的渐进教育完全取代。"山神学校"就是一个标志性的例子。

当然，这本作文集的内容可以用英语代替。然而，在日本东北的乡村里所诞生的"山神学校"，以及那个时代背景下特有的文化氛围和东北方言的微妙语气却是很难翻译的。而这些，我们需要用原汁原味的日语去品尝。

不是"用什么语言"，而是"写什么内容"

现在情况已经不是拘泥于"英语"这一外在表现层面了。在了解了自己能使用的语言特点的基础上，需要将研究和教学的水准全球化。

例如，我在研究东南亚的环境问题。我的论点是否会被泰国或柬埔寨的顶级研究人员所接受呢？即使不能用当地语言写论文，至少用英语发表，是否有足够的内容可在当地得到好评呢？我也许必须得更加认真地考虑这一点。

本来英语只是一种传达信息的手段，如果把它变成为目的，就本末倒置了。即使用英语讲课的课程增加了，但其内容贫乏的话，学生也不会跟着增加，学问水平也不会提高。留学生来日本应该学习的内容是什么，去国外的日本学生应该知道的是什么，这些必须和语言的熟练程度分开来讨论。

如果说今天的全球化能胜过明治时期的话，那就是我们拥有以各种方式向世界传达日本国际定位的手段吧。明治时期的许多知识分子主要关心从欧美吸收知识，而不一定热衷于向欧美传播知识。

比较文学研究学者平川祐弘先生指出：

在日本，自福泽谕吉以来，或者说自古代的汉学学者以来，几乎所有知识分子都是接受型的，以接受海外的文明而促进日本文明开化为使命的。……换言之，如果教日本人关于外国的事情的日本人老师有一千人的话，与此相比，那么教外国人关于日本的事情的日本人老师最多也只有一个人吧。

这里再重复一遍，就是不能被英语这种手段所束缚而对应该传达的内容本身置之不理。如果是致力于真正意义上的全球化的话，比起问"用什么语言"来写，更应该问问"写什么内容"吧。

那么，它有什么值得写的内容吗？是否具有超越国界的价值，能否获得广泛而深入的理解？研究人员必须首先问这个问题。

日本人善于收集数据

至少许多日本人都意识到自己对英语的自卑。克服英语自卑感的方法，一言以蔽之，就是应该致力于磨炼英语技能，这点在关于大学全球化的争论中也很容易被人所关注。然而，尽管当事人没有意识到，但必须强调的是，实际上拖着全球化后腿的方面，与其说是语言技能，倒不如说是与语言技能相比更本质的"研究风格"和"展示方法"。

随着在国际会议上听到日本人的发表成果次数的增多，我强烈感受到，大多数日本人都是伟大的数据收集家。所谓数据收集家，比起对过程的描述，更注重收集作为论据的信息。他们越是回避对整体的前后整合或理论论证，就越是拘泥于数据。今和次郎是我印象中的数据收集家的典型。他提倡"考现学"而不是考古学，从头到尾描绘了大正至昭和时期日本人的风俗。有趣的是，几乎没有见到过对以数据为重点的表现方法感到不安的日本研究者，即使这种方法在美国人中并不受欢迎，大家都会自信满满地展示数据。

在日本的文科学术会议中，有许多研究的展示，首先从解释收集的数据开始，而不是谈论"抓住"的问题和研究的定位。如果是历史，就读史料，如果是地域研究，就谈论被调查地。很多人认为让数据说话很重要，因此即使没有理论上的说明和明确的研究问题，也不会感到困惑和自卑。对于数据收集型的日本人来说，研究者"抓住"的问题越是新颖巧妙，研究的陈述就越是困难，因为听众就越想说请先拿出数据来。

美国人善于讲故事

与此相对，许多美国人，尤其是受人尊敬的美国研究人员，则善于巧妙地"抓住"问题讲故事。

在我参加学术会议的经历中，曾有一次论文的宣讲，让我发现原来这种方式就是美国式的。2011年在火奴鲁鲁（檀香山）举行的美国亚洲研究学术会议上，当题为"中文打字机"的论文开始宣讲，激起了满会场听众的热情。研究的主题非常简单，就是这样的话题：据说有6 000个字符的中文打字机是如何制作的——不，确切地说，是西方人想象中文打字机如何制作出来的。

实际上，中文打字机在20世纪初就已经实用化了，但在只使用数十个字母的西方人眼中，作为"疯狂特异的东西"的象征，"中文打字机"的话题也就可以说是独树一帜。

论文发布会上投影了好几个打字员疯狂地捡拾铅字的漫画，引起了听众的兴趣。发表本身，虽然成功地将主题的有趣之处巧妙地演绎出来，但却没有提出成为重要论据那样的数据，几乎可以说是在发表"构想"而已。由此我学到了在美国受欢迎的宣讲方式是，首先要有能够瞬间吸引听众关注的有魅力的标题，然后构思出能抓住听众注意力的故事。

美国也有善于收集数据的学者，特别是即使不能提出新的故事，也有很多研究学者以"实证性"研究而获得成功。然而，如果冒昧地简单断言的话，在美国获得权威地位的研究人员通常都是善于讲述故事的高手。

我所认识的学者中，在耶鲁大学执教的詹姆斯·斯科特教授就是一位善于讲故事的伟大学者。他在其著作《佐米亚》中，以逃离国家进入山里的山民的视角来重新描绘了东南亚历史，扭转了既存东南亚历史研究偏向于平原国家历史的偏差。

包括我在内的几个人集体翻译了那本书。在翻译过程中，我们发现斯科特教授对缅甸语的解释，有几处是错误的。然而，这些错误的存在对于他的故事叙述来说并不是致命伤。他的书在世界范围内获得了广泛的读者，因为他的书非常有趣，以至于掩盖了那些事实认定上的细微错误。

这并不意味着日本没有善于讲故事的学者。著有《文明的生态史观》的民族学学者梅棹忠夫和以研究猴子而闻名的今西锦司就是这样的研究者。他们虽然对现场的数据收集很讲究，但也很注意研究成果的表现方法，出版了很多一般读者易于理解的启蒙书籍，得到了很高的评价。然而，遗憾的是，由于用英语发表的信息极其有限，所以没有引发国际性的讨论。

也不是说重视数据和重视理论哪一个更优越。但是，如果要在有限的权威出版媒体（著名的学术杂志）上发表论文，就必须要采取在 10 倍以上竞争率的竞争中取胜的"展示方法"。在这个越来越忙碌的社会中，很少有编辑会花时间认真面对收集的数据。在美国主导的学术世界里，善于讲故事的学者总是占主导地位。

全球化对日本文科研究者
来说是个好机会

日益激烈的学术界的国际竞争促使了"成果"的批量生产。在成果的批量生产中，调查时间短、数据少、考察浮于表面就可快速收集准备研究素材的研究类型就占据优势。这样，就导致研究的重点转移到似乎适用于任何国家的一般化理论上，而倾向于抛弃揭示各地区特有个性的研究。

全球化所推动的这种力量对日本的大学有着怎样的启示呢？

对那些被背后指责"拖全球化后腿"的日本文科研究者来说，我认为这样的全球化潮流会给他们带来意想不到的机遇。也就是说，如上所述，在日本，比起理论，更重视数据和现场观察的实证传统渗透到了各个领域。到目前为止，在展示能力不足这方面，也许是一个弱项。但是，如果能够很好地利用重视数据的特点，就可以成为在全球竞争中取胜的强大武器！

如果把研究的工作分为材料的"采购"和"加工"的话，日本的文科研究者擅长于前者，也就是说花时间收集、整理材料等与研究对象息息相关的工作。

这个优势，是不可能用临阵磨枪的方式在短时间内修得的，因为训练也需要时间。与此相对，我认为欧美擅长的"加工"技巧（挑战性的理论构筑和巧妙的展示方法），在一定程度上通过短时间的训练是可能学会的。必须坦率地承认日本大学对"加工"训练的不足；而且在进行国际交流时，也还需要同时学习英语地道的表达方式，在这方面我们自然也存在一些障碍。

但是，与缺乏研究材料相比，展示方法还可以弥补。踏实地收集不被人们所关注的材料，向世界展示日本成熟的研究成果，这对于支撑全球化知识体系也是必要的。

"英语的真实"不是全部

明治时代以来，日本在全球化浪潮中的历史告诉我们，留学的巨大收获，不仅是了解目的地的外国，而且也能让留学生了解自己的国家。在外国待了一段时间的日本人比起学习外国文化习俗更重要的是，他们获得了重新审视日本的机会，这点在日本实现自身现代化的背景下有着重大意义。日本孕育出来的知识体系有着怎样的魅力呢？其价值，如果不走出日本一次，也许永远不会知道。

在推进全球化的世界中，日本的大学的生存之路，在于进行欧美所没有的研究和教学，克服"必须用英语发表学术成果"这一障碍，并将其所施加的压力转化为动力。学习外语的事情，即便多半是被迫，也会得到好处的！日本人需要有这样的想法。

在《当日语消亡时》一书中，水村美苗先生节奏清晰地描写了在英语占主导地位的世界里非英语圈作家的存在方式。他将非英语圈中思考问题的人的特性（也许可以说是特长）表现如下：

关于"语言"，只有经常被迫思考的人，才能知道

"真实"并不是只有一种。也就是说，在这个世界上，除了用英语能理解的"真实"、用英语构造的"真实"之外，还可能存在着别的"真实"——这是我们经常被迫需要去了解的。

我们通过语言来理解外界事物和人与人之间的距离。如果是这样的话，那么就存在和语言数量一样多的"真实世界"了。"いただきます！（我开始吃啦！感谢!）"这一句话谁都知道是饭前说的日语，但用英语就不能很准确地表达。"请多关照"这句也很难翻译。正因为有日语的上下文语境，所以才能形成富有生动意义的语言、一个由其描述的"真实世界"。

正是出于这个原因，无论科学有多进步，学习外语的价值都不会下降。非英语圈出身的我们的工作是保护世界的多样性，在英语国家以压倒性的力量强行推动的"真实"以外，将植根于日语中的不同的"真实"指示出来。进而，维持地球社会，使其成为一个让只会说小众语言的各民族也很容易居住的场所。可以说，通过提出"不同存在方式"来引发争议是文科研究者的使命。

日本的大学不得不面对全球化，这已是作为大学全体的共识。在甚至很难招收到日本人学生的日本的大学，这种认识可能更切实。曾经被认为与全球化无缘的日本史和日本文学的专家中，也出现了积极面向海外发表研究成果的研究者。

在这方面，日本大学的这种情况比美国顶级大学更有危机紧迫感，因为美国顶级大学用英语讨论是理所当然的，而且常处于一种稳坐钓鱼台的现状，即使自己不走向全世界，学者们也会从全球各地走进来。进一步说的话，日本位于亚洲，在关注欧美动向的同时，在中国、印度、东南亚的古典艺术、文学以及现代课题方面，也明显积累了比美国顶级大学更加丰富的知识。

注定要以两种以上语言进行活动的日本，不应该单纯地认为这是一个负担，而是应该抓住机会，把轴心放在多元文化上。日本在迅速吸收西欧文明成果的同时，以尖锐的方式体验了近代资本主义的矛盾，诸如以战争为首的各种各样的公害和灾害等。能够基于推进西化的实际体验，从根本上批评西方文明的国家并不那么多。我认为，大学应该将这种"体验"具象化，以便更加积极地发挥其向世界传递信息的作用。

创新创意层出不穷

在许多领域，用英语发表成果和开展教学已经不可避免。然而，我们不能被全球化的浪潮冲垮而失去立足之地。在追求短期成果的时代，如果能在社会中维持一个可以进行"无用之事""长期研究"的空间的话，那么除了大学就没有其他地方了。

在 20 世纪 30 年代，当世界被笼罩在不安气氛中时，开始听到第二次世界大战的脚步声。在"国家利益"的引导下，研究和教学内容被扭曲的那个时代，是自由精神聚集的大学的黑暗时期。有抵抗意识的知识分子全都被迫沉默。不仅仅是日本。在纳粹迫害犹太人的德国，有许多优秀学者为了寻求自由将研究据点从德国转移到了美国。

自由是大学的生命。因邀请爱因斯坦等而出名的普林斯顿高等研究院（与普林斯顿大学是不同的组织），敢于在这样的时代潮流中扬起反潮流的旗帜，而创建了作为与实际应用保持距离的研究机构。这个研究院标榜"无须教授会、无须委员会"，作为一个鼓励思考探索和跨领域讨论的研究中心，引领了世界知识体系的发展进步。

第一任院长亚伯拉罕·弗莱克斯纳（Abraham Frexna）在一篇名为《无用的知识的有用性》（*The Usefulness of Useless Knowledge*）的鼓舞人心的短文中说道：

> 科学就像密西西比河，可以追溯到遥远森林深处的一条小溪。慢慢地其他地方的溪流也汇合到一起，流量逐渐地增大，终于它形成了可以冲垮堤坝的奔腾狂暴的河流。正是数不尽的涓涓细流的汇聚才形成大河。

研究是不断流动的。某人的研究以意想不到的方式被接续到另一个研究，像小溪汇流成为一条大河。原本以为毫无用处的研究后来导致伟大的发现，因为一个人留下的东西会被别的人发掘出其价值而将其发扬光大。

然而，"无用的学问"的真正价值并不在"最终有人继承发扬光大"这一点上。尊重无用的学问是在灵魂的呼唤下承认以艺术和科学为导向的文化，即承认人的多样性、承认不同的文化和价值观。

在世界趋于内向保守而且大声地呼喊"国家利益"的当下，正是有必要强调"无用学问之美"的时候。

第 5 章

从美国顶级大学学什么

——发挥优势的改革五大方针

日本的顶级大学在学习美国顶级大学经验的同时不花钱就能进行的改革，我认为是教学方面的改革。如果学生进入博士阶段成为专业研究者的话，很多教师即使放任不管也会有进行研究的干劲和能力。然而，关于教学，他们没有特别接受训练就成为"教师"。

虽然研究可以在个人的努力下自行发展，但是在教学方面个人的发挥是有限的。在这种情况下，以教学为支柱的改革可能会成为将容易分散的大学力量整合为一体的向心力。

然而，教学改革如果不直接与入学考试和研究时间的问题一起讨论的话，就没有意义。例如，如果不一起考虑年轻教师的教学改善和大学事务负担的问题，教学改革就不可能实现。

因此，接下来，我将以改善教学质量为中心，就如何解决与之密切相关的课题，诸如教师作用的发挥、讲课方式、年轻研究者的待遇以及全球化方向等，提出自己的建议方案。

大学的内部和外部

任何组织都存在这样的情况，外部的观察和内部的实情之间存在着落差。就大学而论，在教室里发生的事情从外面看不到，包括待遇、经费、人际关系的因素在内的环境舒适度等，不深入进去看看就很难理解。刚到任的教师感到特别惊讶的事情很多。

但是，不可思议的是，长期沉浸在一个组织里会产生习惯，在陌生的外人看来会感到吃惊的事情，不知不觉中会变成"理所当然"。因此，要改善组织，必须要有来自外部的眼光。正因为外人没有完全被染上内部的颜色，所以他们才能带来新鲜和批判的观点。

就内部/外部而论，不单是"内外不同看法"的问题。大学广泛接受社会的人才，提供氧气给他们，再把这些人才送回到社会，这样重复循环就像心脏一样的运动。要使这个运动充满开放性的活力，就需要外部社会的理解和支持，以使外部社会能源源不断将学生送进大学并融洽地接受来自大学的毕业生。对外部发布大学内部情况是使大学和社会关系和谐化的第一步。

即使日本国内的大学，在内部与外部印象上也存在落差，何况是外国的大学，就更是如此了。所以，公众可能对其产生无边的幻想。

在外面看起来很华丽辉煌的美国顶级大学，实际上当我站在其内部的讲台上，就知道了他们也有各种各样的烦恼。出乎意料的是，通过了解美国顶级大学的"内部"，我却具备了从"外部"看日本大学的眼光。东京大学认为"理所当然"的消极面自不必说，以前在东京大学并没有在意的活动，实际上成为其优势的可能性也开始在我眼里显现出来。

在本章中，我将根据以往的讨论，就日本顶级大学改革的方向性阐述我的想法。

一体化综合改革

在本书的构想阶段，我设想在结论部分创建一个类似日本相扑比赛计分的"胜负表"，并列出各项简单的胜负项目，即在哪个项目上美国顶级大学比以东京大学为首的日本顶级大学优越，以及相反——在哪个项目上日本的大学能得高分取胜。因为我觉得这样很容易理解。

但是，在写作过程中，像这样分门别类地讨论项目本身就是讨论大学改革的最大障碍，我觉得自己不能先掉进那个陷阱里。

入学考试改革就是一个典型的例子。许多专家反复讨论，到底要采用什么样的入学考试，才能通过公平的审查获得各种各样的优秀学生。然而，这种讨论往往无视一个决定性的问题，即在给教师的整个工作时间（如教学、研究、大学运营和管理）中，应该把"多大比例"的时间花在入学考试上。

关于课堂改革的讨论也是如此。既然上课的是教师，那么，对于改革所需的时间和能量"从何而来"的问题，进行一体化的讨论就是必不可少的。教师授课负担的减轻不仅应包括确保研究时间，还涉及学生每周应上多少课（或包括预习和复习的学习时间）才是恰当的问题。对这些问题必须相应地进行综合讨论。

像这样，无论是哪一个问题，通过切割成各个项目来判定日本和美国的优劣，都没有什么意义。即使认为美国顶级大学的特定制度很优越，但模仿之后也有可能产生更严重的偏差。要想改变大学，必须有一个将当事者的学生和教师放置于其中心位置的整体构想。

日本顶级大学的问题点

在这本书中，我以自己的方式阐明了容易引起人们不切实际幻想的美国顶级大学的现状。其目的是对随意模仿美国顶级大学的运营行为敲响警钟，并明确日本顶级大学应该前进的方向。

正如各章所指出的，以东京大学为首的日本顶级大学存在以下根本问题。

第一，日本教师太忙。与考试的出题、评分和监考等有关的入学考试工作、每周5节课以上的讲课负担、校内委员会等事务对研究时间的挤压等。美国顶级大学并不是完全没有这些负担。然而，美国顶级大学的教师没有入学考试的工作，上课的课时也很少，而且最令人羡慕的是还可以有机会享受到长期休假（学术休假）的恩惠。教学和学术研究本应是教师的本职工作，但在日本，从实际感受上来说，却像是处理完各种杂事后剩下的时间才能用于学术研究工作。

第二，由于教师没有协作互动的机会，大学没有系统而有效地成为提高学生个人潜力的教学场所。从个人层次来说，哪个大学都有热心教学的教师。然而，很遗憾的是，很多大学并没有将"教学计划"作为中心任务来进行整体化考虑。

第三，各种各样的"改革"更倾向于针对文科省（相当于国家教育部——译者注）而不是面向身边的学生和教师。这与日本国立大学在财政上的资金紧缺状态有关，作为其业务的一环，获得外部资金的压力越来越大。目前的印象是，"改革"不是为了提高教学和研究的质量，而是作为获得资金的手段。

在漫长的现代化过程中形成的大学制度和文化，很难一朝一夕就发生改变。然而，如果还不认真地着手改革，优秀的教师和学生就会开始比较外国大学的舒适度了。日本需要留住那些能自己意识到日本的优势而积极进取的人才。

正如在本书中所看到的那样，我认为日本顶级大学拥有足够优势，足以与美国顶级大学竞争。对于学生来说，可以灵活地综合设计自己的学习计划，教师和学生之间的距离也近，最重要的是学费更加便宜。对于研究者来说，由于从年轻的时候开始就集中在各个专业领域积累业绩的压力比美国弱，因此他们就容易致力于研究学术上难有收获的交叉边缘学科或现实中的课题。

如果能在接下来叙述的几点上加以改善的话，日本的大学应该能进一步加强其优势。

指导方针 1：为防止教师研究时间减少，考虑行政事务人员参与决策

伴随管理业务过多地增加，教师研究和教学时间被严重挤压。关键在于如何削减各种委员会业务等、入学考试的事务性工作和过度的教学负担，以及能否在研究和教学上分配时间。

就入学考试事务来说吧，从当地居民积极参与的美国顶级大学的体制中应该学习到很多东西。确实，为了让笔试能够有效选拔，保证优胜劣汰，让教师参与出题和评分是必不可少的。然而，我认为没有必要动员大学教师来参与诸如升学考试的出题和监考工作。或者，有效利用刚退休的名誉教授的丰富经验，在面试等第二次考试中让其"无私奉献"也

是为在任的教师创造出时间的一种手段。

为了防止研究和教学时间的减少并让教师有充裕的时间，可以大胆地将权限移交给行政事务人员，让他们能为了改善组织、提高整体水平而提出各种各样的提案。如果能形成这样的文化氛围就太好了。教授在信赖事务人员的基础上，只需要参与如修改、批准提案这样的工作。目前，多数情况下教师必须从大学管理各个事项的草案制定开始参与事务工作。希望大学尽早摆脱这种现状。

例如，在每个学院雇用具有专业知识的行政事务职员，让他们专注于获取外部资金和负责制定组织战略方案。从教授同事中选出的那些系主任和院长，也有人不一定具备长期组织运营管理的素质。如果行政事务负责人能够考虑本学科或学院部门级的运营管理战略，那就可以发挥重大作用。另外，如果在筹集外部资金时，可以将申请书制作和会计管理等事务委托给他们的话，教师的研究时间被占用的问题就会大大改善。当然，不可能，也不应该像美国顶级大学那样大幅增加行政事务人员的数量，但我认为，即便是每个部门仅有一名能干的行政事务管理者，教师的事务工作也会大大减少。

不过，如果只是一味增加行政事务人员的工作，他们就会崩溃。教师必须把应该留给事务人员去办的事项适当地委托给他们，同时也必须考虑对事务人员的激励措施。

每年表彰在各部门取得杰出成就的行政事务人员的制度

也很好。还必须增加教师和行政事务人员之间相互合作的机会。不管怎么说，必须完善表彰积极工作的行政事务人员的制度，并营造出一种有大学整体感的氛围。

对于教师之间的业务分担也需要新的想法。日本的平等主义确实有好的一面。日本式的做法是尽可能使教学负担和委员会的事务负担均等分摊，以避免不满情绪发泄。如果考虑在这点上进一步改进，根据教师的擅长或不擅长的情况来重新分配事务工作，那结果又会怎么样呢？

比如，在达到某个年龄后，让教师自己申报在大学运营管理、教学、研究这三个领域的精力分配计划，然后与部门负责人协商交涉并相应地确定其负担等。先只确定必须要完成的最低线，之后根据自我申报和院长的判断来合适地安排人才配置，这样也许可以有效地发挥各自的特长。

当然，即使申报的岗位是自己觉得适合的，但也有可能别人不会认可。因此，基于自我申报的制度，只有在实施某种事后评价的情况下才能发挥作用。

要求与美国顶级大学同样的工资是不现实的，也不应该是追求的方向。正如本书所见，过度的竞争主义导致学费上涨和对教学的轻视，会增加学生的负担。但是，当每个人的表现有差异时，如果大学能认可出色的工作表现而给出相应回报和奖励的话，会对教职员工的干劲产生很大促进。为此，我建议，以符合日本习俗的年功序列制为基础，在教师奖金分配和长期休假制度上打破平均主义而大胆地拉开差距。

指导方针 2：为了提高教学质量，必须建立灵活的综合制度

为了提高教学质量，教师和学生都必须增加花在课程上的时间。在此基础上，为了进一步增加研究时间，就别无选择，只能削减所承担的总课时（课程时间）。

如第 2 章所述，与美国顶级大学相比，日本顶级大学的课时数太多了。作为文科省的政策，应该考虑减少毕业所需的学分数的方案。在此基础上，我建议将一位教师所负责的课时数量减少一半左右，并转而将这部分时间运用于深入细致指导日本学生不擅长的方面，例如提问、讨论技巧、文章表达的训练等。此外让助教也发挥积极主动的作用，并帮助学生彻底预习和复习等，以使教师和学生都做好准备，能在课堂上真正有效地议论互动。

在普林斯顿大学，图书馆工作人员为了支持教学，结合各个课程内容而创建了一个网站，汇集主题相关的书籍和资料并提供相应的链接。在大学最大限度地支持研究与教学的意识和体制方面，美国的顶级大学做得更好。这与行政事务工作人员数量和财源充足程度上的差异有关。但是，现在日本的大学体制给人留下这样的印象，那就是行政事务部门、图书馆、教师组织都各顾各地进行着各自的工作。有必要让所有教职员工都意识到要提高教学质量和研究能力。

教师的教学技能必须提高。我个人的实际体会是，比起为此而实施的专门培训，实际与其他教师进行团队教学是最能学习到东西的方式。如果能够形成一个制度体系，在每次授课的那天能够得到助教对当天的教学方法的"回顾"评论，那么教学能力应该会大大提高。发挥助教的作用将是一石二鸟，因为从未来的教师培训的角度来看也是有效的。

对学生推荐的教学质量高的教师进行表彰的制度有待完善加强。对教师的研究成果的表彰制度已较完善，而表彰教学方面的贡献的制度却很薄弱。当然不用说，教学需要教师和学生双方的努力。但是，首先要从教师方面着手，在授课上下功夫以激发学生的学习兴趣和主动性。

我觉得缩短每次上课的时间是集中注意力的简单方法。在普林斯顿大学我觉得"挺好"的是，可以根据听课学生的人数和授课内容调整每次上课的时间。基本上有三个选择，即一周三次50分钟的课，一周两次80分钟的课，或者一周一次180分钟的课。如果能根据授课内容和听课学生人数选择最适合的时间分配，教学计划可能会复杂化，但教师和学生双方的注意力会更加集中，教学效率会提高。难以马上减少时间的语言类科目，通过这样的灵活运用授课时间或得到兼职教师和助教的协助等措施，可以减少教师的受约束时间。

如果是以学力为基准选拔出来的学生的话，大学就有责任最大限度地拓展他们的学术潜力。作为实现这一目标的具体措施，我想建议，大幅度减少课程数量和大幅度增加每节课的精力。

指导方针 3: 扩大学生在
大学运营中的作用

学生的自主权，特别是学生对大学运营管理的参与，可能是日本最差的方面。在美国，许多大学都让学生参与教师录用的人事环节。通过聚餐会等方式，让学生与前来模拟授课或面试的候选人个别地接触交流，然后把他们的感觉告诉人力资源部门。

在日本，说起学生的自主权，首先想到的是与教师组织相对的学生自治会。但作为支付学费的大学组织的成员，学生参与大学的运营管理基本上可说是理所当然的。

学生的视角有时会让人感到意外。例如，当我为留学生上课时，在最后一堂课上问："你认为与自己国家的大学相比，东京大学的优点和应该改善的缺点是什么？"很多学生都认为日本的大学应该改善的是"缺乏学校精神（爱校心）"，这出乎意料。确实，不仅仅是在美国，很多国家的大学里一般都会制作大学标志的吉祥物，举行校园节和大学对抗赛的体育活动，除此之外，日常生活中也有很多激发爱校心的场面。在东京大学完全感觉不到这一点。我认为学生会有教师所没有的独特视角，所以更加需要努力去积极发掘出来。

听取学生意见的课程评价已经在实施，但这无论如何都偏向个别教师和个别学生的意向，不能对整个课程进行评价。这里想提议的是普林斯顿大学实施的学生咨询制度，就是学生从同学中选出代表，定期与包括院长在内的领导就课程的状态交换意见的制度。

让学生们发表意见的话，也会有"只是让学生发泄不满"或"只是做做听取学生意见的表面形式"等这样不好的评价。但必须承认，在授课评价以外还存在反馈学生意见的渠道，这本身就很有意义。

最后，大学必须努力让当事各方人员进行更多的研究，并广泛向社会宣传自己。可以有更多研究自己大学的毕业论文和硕士论文，大学应该将其成果作为组织改善的材料加以有效利用。大学的历史自不必说，还有数学教学的方法、性别问题、身心关怀等，可以说是社会缩影的这些问题都集中存在于校园里。

让各方人员作为当事人，意识到自己所处的位置和责任，鼓励他们通过毕业论文等来积累、共享知识。把大学的对外宣传等方面的一部分运营工作也交给学生，我认为，这样在对外宣传工作上就会有更多创新。

指导方针 4：优待年轻研究人员，提供更多国际培训机会

在美国的顶级大学有培育年轻研究人员的完善制度，

这一点令人印象深刻。也希望，在日本，不要让年轻教师做杂事，而是优先让其利用长期学术休假制度。对于博士研究生，通过让其主动承担部分教学任务，增加他们训练的机会，为将来成为教师积累经验。虽然有人说"日本的大学没有那样宽裕"，但是，没有这种宽裕的制度本身就是不完善的。

为了扩大年轻教师的活跃范围，希望日本的大学能通过与海外友谊学校的交流活动，给年轻教师提供在对方大学授课的机会。特别是，如果能够在诸如本书所示的美国顶级大学里实施这样的项目的话，参与者将得到相当大的锻炼，也会变得更加自信。制定几年的交流计划，在日本预先练习准备之后再出去教学也不错。不仅能获得只以研修为目的的出国旅行所不能得到的深入锻炼，而且还能有机会深入对方学校内部去了解大学的课题。作为年轻教师的培养项目，真希望被考虑一下。

表彰优秀年轻教师的制度也是必要的。在第3章中，曾写道"论资排辈制度并不坏"。然而，如果不通过某种方式认可优秀年轻人的潜力和成就的话，他们就可能自甘堕落，或者，也许有实力的人去了国外就不会回来。

因此，作为本科生教学部门或大学，希望有一个制度能认可年轻人发挥的作用，并让其觉得大学需要他们。

在日本，优待研究人员的关键不仅是经费，还有时间。如果事务工作与经费成比例增加，就会本末倒置。正如已经指出的那样，如果是将零碎分散的时间凑合起来进行研究活动的话，研究工作是不能取得进展的。真有必要下功夫为研究人员整合出完整的研究时间。为此，必须参照美国顶级大学，建立一种必不可少的制度，以使精力最旺盛的三四十岁的研究人员能够优先获得长期学术休假的权利。幸运的是，奖励年轻人似乎已成为日本任何学术团体的紧迫课题。近年来，仅以年轻人为对象的许多学术奖项和研究补助金制度相继创设，这是很好的事情。

在美国顶级大学学习的博士研究生，在大学里学习的同时还可领取生活费。在日本，相当于免除学费的奖学金制度也终于开始完善起来。但是，不打工就无法生活的清苦学生还有很多。国家建立的日本学术振兴会特别研究员制度，可以向通过审查的人提供相当于生活费用的支持。不过，其通过率却只有两成左右。如果总金额不能增加，就希望降低每人的支付金额，而尽可能广泛地照顾到更多还处于萌芽期但有潜力的年轻研究者。集中厚待极少数的优秀年轻人固然无可非议，但是，还没有迎来开花期的有前途的大批年轻人，如果由于经济原因而放弃研究的话，就会造成更严重的损害。

此外，就研究而言，赞赏那些硕果累累的教师当然很重要。但同时，有些教师十年才能拿出一本厚厚的学术专著，这也未尝不可。后一种类型的研究人员因在年轻时受到短期"评估"的压力而被驱逐出局的情况，是绝不应该发生的。为此，不仅要鼓励向一流杂志投稿，还要保护专著类书籍出版的文化氛围。

鼓励与巨额研究经费无缘的人文学科研究人员用各种语言写出厚厚的专著，这也可以向社会传播文科的存在价值。特别是，为了支持用英语进行国际性的展示，大学需要雇用优秀的编辑，负责撰写制作能够向英美相应出版社推销的企划书并签订出版合同等各种文书工作。

即使出版企划没能顺利通过，对于年轻人来说也将是一次最好的学习，因为通过互动，他们能够了解世界市场行情。加强大学和学术出版社之间的合作，并推动国内出版社成为大学的国际传播平台。这一点也希望大学引起重视。

指导方针5：以"开放之心"从内在迎接全球化

在前面已经指出，留学生和外国教师的数量增加了但是交流却没有深入，这是日本大学全球化过程中出现的问题。今后，在推进全球化的进程中，需要重视的不是英语的授课数量和外国教师数等这些"数量"的问题，而是要将角度转换到更重视国际化的内容和态度等这些"质量"的问题上。虽然在英语方面的自卑感无论如何都会相伴而来，但语言学习是基础而且更重要的是"开放之心"。

"开放之心"所需要的是，置身于海外充满挑战的环境中，达到即使是身为外国人也同样是人这一理所当然的认识高度。希望充实促进这种自我认同的体验型项目。与美国顶级大学相比，虽然日本顶级大学也有低收入阶层的学生入学，但大多数是经济上没有困难的保守学生。对于这样的学生，很重要的是，尽可能地将其置身于自己的常识无法通用的场合，并促使其创造出一个以普通人的心态去竞争的场景。

如果去海外体验的话，尤其是去发展中国家的农村比较好，因为在那里日本大学的名牌和头衔完全行不通。如果遇到不好的情况，甚至必须和连大学都不知道的人进行交流。这是人与人之间赤裸裸的对决的场面。从教科书中无法学到的这些体验，一定会成为感性而多彩的学生时代的财富，甚至有可能奠定未来人生的基础。

"开放之心"并不只适用于与海外的交往关系。了解大学外面的世界不仅对学生，而且对教师也很有帮助。在普林斯顿大学，我有过教授被称为"任务小组（task force）"的实践型课程的经验。该课程的目的是以面临问题的地方自治政府机关等为"客户"，和他们一起解决其问题。在日本大学，我也希望增加这样的课程，例如，让学生从本科生时代起就有机会在日本人口稀少的地区和受灾地区进行现场实践，努力学习解决活生生的现实问题。

我认为，在应对全球化时，最重要的素质不是语言技能，而是"平常心"。当遇到陌生的事情或人时，能否以平常心而不是摆架子的态度去处理对待，这是"从内在迎接"全球化的秘诀。为此，让日本学生也在面向留学生开放的宿

美日一流大学运营研究

舍里居住等，先不说宿舍调整方面的手续麻烦的问题，即使是让其短期同住，也希望能有这样的支援制度来帮助那些要单独去海外留学的日本学生。"开放之心"不是经费预算的问题，而是最难应对的课题。但我认为，是有捷径可走的，那就是充实"身体力行"的体验学习项目而不是仅仅注重"知识"的传授。

日本大学应该保护的东西

应对教师的研究时间减少策略、教学质量的改善、年轻教师的保护和培养、学生参与的大学运营以及开放心态等一系列方针，都是日本顶级大学目前所缺乏而需要"主动进攻"的改革措施。但是，如果改革呼声太大的话，就会只着眼于"不足"的改进，从而容易忽视已有优势的"防守"。

在对美国顶级大学进行详细考察的过程中，发现日本顶级大学应该保持的优势有以下三点。在比照美国的相关优势时，应该经常意识到这几点。

（1）教师和学生的人际交往机会正在日益增加、形式丰富多彩。这里包括诸如研讨会集训和聚餐会等各种非正式活动。这些活动在美国没有津贴是不可能实现的。

（2）教学和研究领域广泛，没有发生市场原理支配教室而导致小班授课消失的事情。与重视个别特定领域研究成果的美国不同，日本大学仍然保持着鼓励跨学科领域研究的自由。

（3）能够从日语的世界学习、培养和传播仅靠英语圈国家无法完善的世界多样性等。其实，日本大学的师生该是幸运的，他们处于一个有利的地位，在活用日语知识储备的同时，也能够用以英语为主的外语传播信息。

此外，在本章中没能讨论的校园的安心、安全的方面，今后也一定能得到高度的国际关注。

我们有必要重新认识到，与美国顶级大学相比，日本的大学是以压倒性的低廉成本达成这些优势的。这背后有教职员工无私的奉献和努力，以及由此带来的研究时间减少的代价。如果想用金钱来解决这个问题的话，就会走上美国顶级大学所走过的高成本学校营运的道路。

在本书中，提出的建议是研究时间被挤压减少的问题可用时间补偿的方式来解决。为了实现这一目标，有必要进行包括学生在内的所有大学成员的一体化综合改革。

大学是属于谁的

2015年6月，普林斯顿大学毕业典礼前夕举办了一场校友聚会，这是每年都会举办的活动，这时小镇的各个角落都会用橙色和黑色这些学校的象征性色彩装点起来。涂着普林斯顿大学代表颜色的改装彩车也在慢慢地自豪地行驶着，恐怕这彩车也只有在这时候才会用得着吧。看着身着自己喜欢的服装的老一辈人和带着家人的人们，我不禁想"大学是属于谁的呢"。

普林斯顿大学的本·埃尔曼教授是研究中国历史的著名教授，他撰写了一篇关于中国科举制度的有趣论文。其题目是，没有通过科举考试的大多数人在社会中扮演了什么角色？众所周知，日本的考试制度的起源可以追溯到中国官僚选拔的科举制度。科举制度是这样一个机制：通过这个严格选拔的人们，进入政策决定的中枢，负责政治统治管理。

从相反的角度出发，埃尔曼先生的结论是，付出了巨大代价却没有通过考试的那大多数人，后来则成为诗人、作家、医生、教师和出版商等各种人才，为提高当地文化整体水平做出了贡献。

即使在当今时代，为那些希望进入顶级大学但未能如愿以偿的人们，在大学以外提供一个可以发挥积极作用的地方，对于建立一个充满活力的社会也非常重要。

大学不仅仅是属于身在其中的教师、行政事务人员或学生们。大学并不是独立于其本身所处的社会，而是被社会支撑而存在的。

大学是通过研究创造出新知识并通过教学传承它们的地方。大学不仅仅需要发掘能进行跨时代创新的人才，也有必要培育能承认并活用优秀人才的出色成果的消费者。为此，作为知识生产者和消费者枢纽的编辑和出版社的存在也是不可或缺的。我们必须把大学广泛地定位在社会体系中。

日本和美国的顶级大学都有各自的强项和弱处。然而，怎样判断是非利弊并进行改革的课题涉及的不仅是大学相关人员而且应该是整个社会。

始于足下

美国顶级大学面临的最大矛盾是，在走上一条无法再回头的高成本运营道路的同时，还必须高声宣扬聚集多样性大学人员的理想。日本大学一直维持着低成本，也总算做到了现在这个状态。这并不是先制定了这样的目标并实现了这个既定目标的结果，而是近代高等教育的潮流和政府对知识产业的轻视所带来的意外的副产品。即使如此，作为其结果，日本的精英教育现状至少比美国更加开放。

从美国顶级大学为所有活动支付对等代价的这一角度看，日本大学的低成本运营是建立在教师和行政事务人员"无偿加班"的基础上的。在此，政府的高等教育预算经费的削减更是雪上加霜。虽然要阻止过度的商业主义，但也必须设法制定出一个制度以保障勤恳工作的教职员工的适当福利和待遇。

在本章中，我强调了有很多"即使不花钱也能完成改革"的事项，但也有其局限性。如果政府经费支撑不了大学的各项运营，那大学就必须像美国顶级大学那样，抓紧建立起积聚校友力量的体制。为此，在大学工作的我们必须更多地向社会展示大学的成果。

日本的大学有可能不断涌现出能够引导未来的人才。不仅有能够与美国顶级大学培训的人才相互较量的人，而且还应该有正因为是日本才能培养出来的独特人才。

世界进入了一个真正不确定的时代。这里，能输送什么样的人才不仅影响大学，而且还左右人类的生存。气候变化和灾难等自然的不确定性，民粹主义的兴起、英国脱欧引发的保护主义盛行、朝核问题等政治环境的不确定性，以及出生率下降、人口老龄化和贫富差距等渐渐逼近的社会的不确定性，都重叠在一起了。

在这个时代，按照教科书的公式化的学习无法应对竞争的局面。时代需要有这样的人才：有一个坚强的头脑，能应对在学校没学过的不确定的问题；同时还要能对不同境遇的人产生同情与共鸣。

为了培养这些人才，其出发点，并不在于对以美国为主的海外大学抱有天真的幻想，而是在于正确地重新评价日本大学的优势。

结 束 语

——东京大学和普林斯顿大学，你喜欢哪个

2017 年度，我在普林斯顿大学授课的最后内容是安排在纽约联合国举行的最终发表会。上午学生们的发表结束后，庆祝午宴上从日本来访问的东京大学的学生们也偶然地汇合在一起了。

席间充满了一种在学期结束时特有的放松感。普林斯顿大学的学生半开玩笑地问我道："老师喜欢东京大学的学生还是普林斯顿大学的学生？"

这是这 4 年间最难回答的问题。要说"喜欢"的话，那就是各有各的喜欢的地方，真还不好说呢。但还是想偏爱东京大学这边的学生。因为东京大学在国际知名度和财源等方面都输给了普林斯顿大学。

在日本有一个很好的词叫"判官贔屃"（可简单理解为同情弱者的恻隐之心——译者注），通常在缺乏客观判断而采取保护弱者的立场时使用。在写本书的过程中，也有学生在阅读草稿后发表意见："总之，书中到处显现出敢于指出

美国顶级大学弊端的勇气。"

学生们的意见是正确的。然而，这里有我自己对东京大学"偏心"的理由。最初的理由是因为除了我以外还有很多人宣传"美国顶级大学的优越之处"，所以我没有必要特意去强调这些。如果说激发讨论才是文科研究者的重要工作的话，那么在发表各种各样的意见时，给予少数派机会也可能是一个做学问的信条。

所以，我敢于特意关注日本，特别是自己所属的东京大学或日本顶级大学的潜在优势。不，准确地说，是在和美国顶级大学的比较中，去"意识到"这些潜在优势。

导致我"偏心"的另一个缘由是，自己拿着日本博士学位进入美国顶级名校执教时的不自信的心理。既然几乎未见过无英美学位而站在美国讲台上的人，就不由得感到有些信心不足。

"日本的教授能上好一堂像样的课吗？"

我自己像念咒语一样责问着自己，让自己振奋起来。

就这样，我为自己的本职工作忙得不可开交。但在第二年、第三年，在普林斯顿大学积累经验的过程中，终于开始考虑"理想的大学是什么样的"这些问题了。

如果自己建立大学的话，会创造怎样的大学呢？是像东京大学那样的环境，还是像普林斯顿大学那样的环境呢？

在这个时候，我想起了二战后不久开设但仅仅4年半就废校的市民学舍"镰仓学院"。这是一所于1946年5月开设的小规模的学校，旨在反思连知识分子都无法抵抗当时的权威而支持战争的那段历史，其办学目标是"培养用自己的头脑思考的人"。三枝博音就任该大学第一任校长，重点致力于电影、文学、文化产业等方面，他努力建立一个"以创造快乐的学园、自由的人格为目标的大学"。据说他曾这样说道：

> 我所谓的"快乐"，并不是指轻松的心情或是悠闲的心情。意思是说，在那里不得不努力，也不得不痛苦，但是置身在那里的氛围中，是能令人感到愉快的。
>
> 自己有什么问题的时候，想马上赶到那里。自己失去自信的时候，想马上出门去那里。在那里，自己的意见会被采纳，并被普遍认可……这种时候，作为讨论和交流的对象，在那里不仅有老师，也还有学生。
>
> ……
>
> 走廊和教室里，耳闻目睹的东西，一切的一切都是为了加深老师和学生的教养。粘贴绘画，挂出图表，展示出有趣的图书和珍稀的图书。如果没有钱，就把各自书房的东西暂时拿出来共享。大大小小的研讨会总是此起彼伏。读书就像吃饭一样。

我喜欢这句话，"读书就像吃饭一样"。在日本还处于战后贫困期的时代，三枝博音构想了"快乐的学园"，至少在精神上有着远大志向，其气魄至今仍令人感动。

这里最重要的是这样一个事实，在二战后的贫困时期，创造出了一个让毕业生在多年后都会怀念的教育环境。

看来我所追求的理想是剥去"东京大学"和"普林斯顿大学"的表面装饰后，仍然保留下来的本质的部分。那么，我在"镰仓学院"看到的本质是什么呢？

那是一所作为"邂逅场所"的大学。"镰仓学院"尽管只有短短的 4 年历史，但还是有很多毕业生的日记被公开发表。读了这些文章，我觉得那个大学是一个多么密切的人际交往的场所。正如三枝博音所说，大学应该是演绎"美好邂逅"的地方。

确实，回顾一下我在东京大学 18 年的教师经验，脑海中浮现的是至今为止遇到的学生和同事们的面庞和身影。

我原本只是打算去普林斯顿大学短期工作的，但在那里也有很多不可思议的相遇。下面介绍的是某个学生毕业后不久发给我的邮件的一部分内容。我正在为自己能力不足而烦恼的时候收到的这封邮件，不知道给了我多少勇气呢！顺便说一下，这个学生在毕业时获得了最佳毕业论文奖。

亲爱的佐藤教授：

从普林斯顿大学毕业后，终于迎来了一个安静的时间来回顾自己。首先，我要感谢老师！您是我在普林斯顿大学遇到的最能激励人心的教授。老师的课堂和做学问的态度塑造了我的学术道路。那就是我人生中想作为范本而追求的目标。其次，我向老师汇报一下，我一直保持着对环境问题的热情，从今年开始在环境保护基金工作。之所以要从事这个职业，是因为老师的课程给了我很大的鼓舞。我作为学生在普林斯顿大学度过的这段时间里，是您让我有了自信。这是感激不尽的。老师讲授的两门课我都选修了，也真是幸运。希望今后能有机会再联系您。这以后，请老师多多保重！

怀着感谢之情的 AM

以大学运营制度比较为主题的这本书，以极其个人的、自我满足的体验来结束，这可能会让一些读者产生违和感。然而，在大学这个地方的体验都是个人的，所谓"平均"实际是不存在的。

我觉得只要有一种环境，能让人珍惜其中的每一次邂逅，那就没有必要拘泥于排行榜等外在的东西。

本书中比较的主要对象仅仅是美日两所国际顶级大学，也是在尤数的大学中让我特别受到恩惠的大学。从这个意义上讲，我的视野是很狭窄的。可是，在这狭小的范围里，我采访了普林斯顿大学和东京大学的教授、学生、行政事务工作人员等很多人，同时也重新认识到了两所大学文化的博大精深之处。

"井底之蛙，不知大海"是来自中国的寓言故事。然而，不知道是什么时候，在日本有人这样补充道："不过，知道天空的蓝色。"这正是我写完这本书后的心境！

参考文献

第 1 章

Axtell, J.L. 2006. The Making of Princeton University. Princeton University Press.

Delbanco, A. 2012. College：What it was, is, and should be. Princeton University Press.

Harvard University（Making Caring Common Project）. 2016. Turning the Tide：Inspiring Concern for Others and the Common Good Through College Admissions. Harvard Graduate School of Education.

Hoxby, C. and Avery, C. 2012. "The Missing uOne-Offsn：The Hidden Supply of High-Achieving, Low-Income Students," NBER Working Paper No.18586.

Karabel, J. 2005. The Chosen：The hidden history of admission and exclusion at Harvard, Yale, and Princeton. Houghton Mifflin Harcourt.

Moorin, M. 2016. Princeton's Hidden Minority：Understanding and Supporting First-Generation and Low-Income Students at Princeton University. Senior Thesis to the Faculty of Woodrow Wilson School, Princeton University.

Oren, D.A. 1986. Joining the Club：A History of Jews and Yale. Yale University Press.

Paul, B. 1997. Getting In: inside the College Admissions Process. Da Capo Press.

Unz, R. 2012. "The Myth of American Meritocracy," The American Conservative.

Zax, D. 2014. "Wanted: Smart students from poor families," Yale Alumni Magazine (Jan/Feb 2014).

ウィリアム・デレズウィッツ 2016『優秀なる羊たち―米国エリート教育の失敗に学ぶ』三省堂.

冷泉彰彦 2014『アイビーリーグの入り方』CCC メディアハウス.

第 2 章

Alsina, J. D. 2017. "Lefs talk about the Honor Code," The Daily Princetonian, April 4.

Axtell, J.L. 2006. The Making of Princeton University. Princeton University Press.

Belasco, A. 2015. "Colleges that are probably better than Harvard," College Transitions Blog.

Calkins, S. and Micari, M. 2010. "Less-Than-Perfect Judges: Evaluating Student Evaluations," Thought & Action, Fall 2010. 2

Ho, K. 2009. Liquidated: An Ethnography of Wall Street. Duke University Press.

栗田敬 2015「淡青評論―40 年後の授業評価」『学内広報』No.1473 東京大学広報室.

第 3 章

Chomsky, N. 2014. The Death of American Universities, JACOBIN.

Ginsberg, B. 2011. The Fall of the Faculty: The rise of the all-administrative university and why it matters. Oxford University Press.

Kelderman, E. 2016. "Confronting a 'New Normal,'" Berkeley

Considers Cuts," The Chronicle of Higher Education, Feb 11.

Kelsky, K. 2014. The Professor Is In: OK, Let's Talk About Negotiating Salary. (https://chroniclevitae.com/news/400-the-professor-is-in-ok-let-s-talk-about-negotiating-salary)

Open the Books. 2017. IVY LEAGUE, INC. OpenTheBooks.com (https://www.openthebooks.com/assets/1/7/Oversight_ IvyLeagueInc_ FINAL.pdf) Oprisko, R. 2012. "Superpowers: The American Academic Elite." Georgetown Public Policy Review, Dec.3.

Piketty, T. 2014. Capital in the Twenty-First Century. Harvard University Press.

沖大幹 2014『東大教授』新潮新書.

アキ・ロバーツ、竹内洋 2017『アメリカの大学の裏側—「世界最高水準」は危機にあるのか?』朝日新書.

筒井泉ほか 2010「大学における大学生・教員数比率の国際比較」(http://k2. sci. u-toyama. ac. jp/career/data/Report _ Edu _ 201001.pdf).

第4章

Flexner, A. 2017. The Usefulness of Useless Knowledge. Princeton University Press.

Griffis, W. 1872. "Extra Notes," Griffis Collection, May 7, 1872, Rutgers Library.

Ungar, S. 2016. "The Study-Abroad Solution: How to Open the American Mind," Foreign Affairs Vol.95, No.2.

天野郁夫 1978「大学の国際化と日本化—東京帝国大学を中心に」『大学研究ノート』No.32, 広島大学大学教育研究センター.

梅棹忠夫 1967『文明の生態史観』中央公論社.

小林秀雄 2014『学生との対話』新潮社.

五神真 2017『変革を駆動する大学—社会との連携から協創へ』東京大学出版会.

　ジェームズ・C・スコット、佐藤仁監訳 2013『ゾミア―脱国家の世界史』みすず書房 3.

　夏目漱石 1911「語学養成法」『漱石全集』16 巻 岩波書店.

　平川祐弘 1987『開国の作法』東京大学出版会.

　福沢諭吉 1978『福翁自伝』岩波文庫.

　水村美苗 2008『日本語が亡びるとき―英語の世紀の中で』筑摩書房.

　無着成恭編 1995『山びこ学校』岩波文庫.

第 5 章

　Elman, B. 2014. "Unintended Consequences of Classical Literacies for the Early Modern Chinese Civil Examinations," in Elman, B. ed. Rethinking East Asian Languages, Vernaculars, and Literacies 1000 – 1919. Leiden: Brill.

结束语

　前川清治 1996『三枝博音と鎌倉アカデミア―学問と教育の理想を求めて』中公新書.

致　谢

首先，在完成本书的过程中，我研究室的毕业生室濑皆实女士尽了最大的努力。她认真的校阅和富有内涵的建议是不可或缺的。室濑女士还引荐了角川新书出版社的年轻编辑藏本淳先生。

其次，大卫·雷尼教授（早稻田大学）给了我在普林斯顿大学执教的最初机会，并且也对这本书的草稿提出了书面意见。多亏了这些意见，从而减少了本书的低级错误。真的非常感谢。

再次，在美国方面，以普林斯顿大学的教职员和学生为中心，进行了采访，得到了他们宝贵的信息和意见。在此对以下各位表示衷心的感谢：戴维·列尼、基斯·怀尔、杰里米·艾德曼、斯坦丽·卡茨、安伊·瓦茨基、吉昂娜·莫达、尼克·沃格、大卫·奥泰斯、内特·斯科罗尼、玛格丽特·卡德、尼娜·马克弗森、今井耕介、小野桂子、佐藤慎司、井出健太郎、都筑勇介。在日本方面，以东京大学相关人员为中心的以下各位对本书草稿提出了建议，也在此表示衷心感谢：关村直人、中岛隆博、马场纪寿、森本一夫、受田宏之、关谷雄一、财津香绘、山田雄司、小竹祯、中村优理子、佐藤国雄等。

还有，麻田玲、三好友良、片冈友纪三位在读研究生好几次通读草稿而且耐心地帮助修改。校对工作中，绀野奈央的帮助也是必不可少的。

此外，我还要深深地感谢我所执教的大学，正是在大学遇到了这些为别人的工作不惜花费时间的前辈和同事、朋友和学生们。特别是，仍保持自由气氛的东京大学东洋文化研究所对于我那样频繁地往来于日美之间的任性行为给予了宽容理解，否则，这本书是无法完成的。

最后，我的妻子晴子，比我更早地在日美之间往返而进行研究和教学，她曾担心本书会让原本就保守的日本学生越来越不想出国留学。被她这么一说，我便意识到有必要强调一下：我写这本书的出发点，反而是希望越来越多的日本人能怀着自信、大胆地去海外留学。在此感谢妻子让我从自己的角度澄清了这个观点。

佐藤 仁

2017 年 7 月

译 后 记

几年前，曾有友人问我："女儿留学是去日本好，还是去美国好？"据说，友人希望她去美国，但女儿本人却因喜欢动画而想去日本。当时我没法负责任地回答，毕竟我对美国的大学没有切身的了解。幸好，得知多年的朋友东京大学佐藤仁教授出版了这本新书，我便将这本书介绍给了友人的女儿。意外的是，友人的女儿后来特地来感谢我说：书中作者基于自己切身感受而给出的分析评价，让其找到了怎样选择留学目标大学的思考角度。

这也是促进我翻译此书的最初契机。

确实，这本书的作者佐藤教授在东京大学执教 20 年，在普林斯顿大学也执教 6 年多。此书就是基于其在这两所世界一流大学校园里的切身感悟，比较研究两个不同文化背景下的顶级大学在运营理念和管理体系上的差异，尤其详细地谈到了日美大学在招生录取、课堂教学、师生关系以及留学费用等各个侧面的真实现状。无疑，此书为那些立志留学的学生们提供了颇有价值的参考。

然而，如果深入了解此书，就知道其价值远不止于此。

虽然此书作者不是教育学家，但此书不仅是作者亲历教育第一线的真诚（真情）之作，也可以被视为一本关于高等教育比较研究的学术之作。作者一直在日美大学从事教学和研究。作为深入两所世界顶级大学教学现场的内部观察者，作者以"从内到外"的视角来详实地阐述美日两所大学面临的现状及其差异，从美日大学运营理念、制度和体系等各方面，为高等教育比较研究提供了难得的第一手珍贵素材。另外，此书又是有别于既存观念的大学教育比较研究的著作。本书并没有单单使用冰冷的数字来机械地进行大学对比研究，相反，向仅仅通过数字来进行的刻板研究发起了挑战。基于那些在美日顶级大学"身临其境"的实际体验，作者真诚袒露自己在教学过程中以及和学生接触过程中的所思所想，甚至是自己初到普林斯顿大学执教的心境和其女儿在美升学准备方面的小苦恼，通过这种具有情绪温度的文字让读者切实地"触摸和感受"日美文化差异下的真实校园环境，进而自然地引发对大学运营和教育本质的思考。这是那些单凭数据和文献来做大学教育研究的外部观察者无法做到的。这些正是本书的独特之处。

佐藤教授在本书结束语中写道：大学是应该演绎"美好邂逅"的地方。这句话也让我颇有感触。正是在东京大学的校园，我与佐藤教授"美好邂逅"了！作为东京大学最年轻的教授之一，佐藤老师以他的才华和风趣幽默在东大学生中赢得了很高的"人气度"。佐藤研究室的组会总是充满着生机，硕博研究生们尤其是那些平时看似"恬静"的学生也在佐藤老师的"挑拨"下格外积极地争论的场景，至今还历历在目。佐藤教授不仅热心教学，而且擅长学术研究。他以"非主流"的独特视角去调查分析问题的能力给人深刻印象（这本书中也可见一斑）。另外，佐藤教授还积极接纳和亲切指导中国留学生，这点也是我想致以敬意的地方。

本书的翻译出版得到多位学生和老师的帮助和指导。首先感谢佐藤教授信任并委托我将本书翻译成中文出版，同时也感谢佐藤研究室的李嘉悦和杨怡君两位同学在译文校对时的帮助。另外，对于鞠文小姐承担本书的修改润色工作，在此表示特别感谢。最后，本书能最终定稿出版，归功于上海交通大学教学发展研究中心主任章晓懿教授对本书的大力推荐以及上海交通大学出版社编审吴芸茜博士的指导，在此也深表谢意！

万　毅

2022 年 10 月 23 日